2016年度国家出版基金资助项目

"十二五"国家重点图书出版规划项目

中国科学技术研究领域高端学术成果出版工程

中国科学院自然科学史研究所"十二五"重大突破项目

国家出版基金项目
NATIONAL PUBLICATION FOUNDATION

科技革命与国家现代化研究丛书

Series of Studies in Scientific Revolutions,
Technological Revolutions and the Modernization of Nations

张柏春 主编

科技革命与美国现代化

Scientific Revolutions,
Technological Revolutions
and the Modernization of the USA

王作跃 著

山东教育出版社

图书在版编目（CIP）数据

科技革命与美国现代化 = Scientific Revolutions, Technological Revolutions and the Modernization of the USA / 王作跃著 . — 济南 ：山东教育出版社，2020. 6

（科技革命与国家现代化研究丛书 / 张柏春主编）

ISBN 978-7-5701-0911-1

Ⅰ. ①科… Ⅱ. ①王… Ⅲ. ①技术革新—关系—现代化建设—研究—美国 Ⅳ. ①F171.243 ②D771.2

中国版本图书馆CIP数据核字（2020）第006819号

策　　划　陆　炎
责任编辑　任军芳　刘　园
责任校对　赵一玮
装帧设计　晓　沫

KEJI GEMING YU GUOJIA XIANDAIHUA YANJIU CONGSHU
KEJI GEMING YU MEIGUO XIANDAIHUA

科技革命与国家现代化研究丛书　　　　　　张柏春/主编
科技革命与美国现代化　　　　　　　　　　王作跃/著

主管单位：山东出版传媒股份有限公司
出版发行：山东教育出版社
　　　　　地址：济南市纬一路 321 号　邮编：250001
　　　　　电话：（0531）82092660　网址：www.sjs.com.cn
印　　刷：山东临沂新华印刷物流集团有限责任公司
版　　次：2020 年 6 月第 1 版
印　　次：2020 年 6 月第 1 次印刷
开　　本：710 毫米×1000 毫米　1/16
印　　张：10.75
字　　数：139 千
定　　价：63.00 元

（如印装质量有问题，请与印刷厂联系调换）印厂电话：0539-2925659

总　序

　　现代化和科技革命是当代中国社会的热议话题，也是出版物中的高频术语。现代化是19世纪60年代以来中国的宏大实践，在20世纪30年代成为学者们广泛关注的议题。中华人民共和国在建国伊始就着力推进产业和国防的现代化，并且在五六十年代将现代化逐步具体化为农业、工业、国防和科学技术等方面的现代化。1964年，中央政府宣布以建成"一个具有现代农业、现代工业、现代国防和现代科学技术的社会主义强国"为发展目标。1978年，中央强调科学技术是生产力，是"四个现代化"的关键。此后，"科学革命""技术革命""科技革命"等概念深得学者们的认同。三四十年来，政府和科技界希望国家能抓住"新科技革命"的机遇，且借此实现现代化。那么，科技革命与现代化究竟存在怎样的关系？这正是本套《科技革命与国家现代化研究丛书》试图探讨的核心问题。

　　现代化、科学革命和技术革命等都是非常复杂的概念。本套丛书中，我们将"现代化"理解为农业社会向工业社会的转变，工业化是这一转变进程中的一条主线。现代化始于西欧，逐步扩展到欧洲其他地区、北美以及亚、非、拉等地，其间伴随着工业强国的殖民扩张和"被现代化"国家的社会转变，包括转变中出现的弊端。我们所讨论的"科技革命"是科学革命和技术革命的简称，是指相对于知识进化而言的重大知识变革。第一次科学革命是指16和17世纪发生在欧洲的科学变革，其主线是由哥白尼拉开序幕，从伽利略到牛顿的物理学、天文学和数学等学科的理论突破及具有现代特点的科学建制化。第一次工业革命与第一次技术革命相伴发生，其主要标志是蒸汽机的发明和应用。历次的科学革命、技术革命和工业革命的成果在全球化的进程中传向世界各地，被人们普遍共享和发展，并影响到当地的知识和社会的转变。现代化、科学革命和工业革命（技术革命）早已成为一些史学家叙事的方法和框架，相关著述浩如烟海。有趣的是，此前学界对科学革命和技术革命的研究主要集中于欧洲，如意大利、英国、法国和德国，而对现代化的研究则主要关注该进程中的后起国家，如日本、中国、印度等。有关欧洲现代化的研究主要集中于早期现代国家制度产生的过程及文化上的现代性等方面。其原因显而易见，科学革命和技术革命主要发生在西方国家，而当以工业化为主线的现代化概念盛行时，西方发达国家已完成了由农业社会向工业社会的转变。然而，无论在西方还是在东方，每个国家都有其现代国家制度的确立及工业化的实现的具体过程，也同样都有现代科学和技术的形成和制度化的不同历程。

中国科技事业发展和现代化建设要求人们理解世界科学技术的发展历程，以求得历史借鉴和启发。李约瑟（Joseph Needham）等国际学者能够研究中国的科学技术传统，我们也应该以自己的眼光审视世界科学技术的发展，提出新的学术问题和见解。1978年以来，中国科学院自然科学史研究所将世界科学技术史列为一个新开拓的研究方向，其重点是西方近现代科学技术史，编著了《20世纪科学技术简史》和《贝尔实验室》等学科史和机构史的著作。为了进一步探讨世界科技史，我们与中国科学院规划战略局在2010年春季开始组织研究"科学革命、技术革命与国家现代化的关系"，选择意大利、英国、法国、德国、俄罗斯（苏联）、美国和中国等国家为案例，着力阐释我国社会普遍关注的科技革命、现代化等重大问题，其中涉及发展的路径和模式。这个项目将对科学革命、技术革命的研究扩展到俄罗斯和中国等科学革命或工业革命的非原发国家，探讨"地域性的"科学革命或技术革命以及外力冲击下启动的现代化。一方面，从科学和技术的发展去理解社会的转变；另一方面，从社会的发展去理解科学和技术的变革。对这类复杂问题的探讨必定既有共识，又见仁见智。

经过认真筹划和评议，这项工作被中国科学院批准为"十二五"规划项目，同时被国家新闻出版总署列为"十二五"出版规划项目，并得到山东教育出版社的大力支持。为了实施这项计划，我们邀请自然科学史研究所、北京大学、清华大学、美国波莫纳加州理工大学（California State Polytechnic University, Pomona）、意大利卡西诺大学（Università di Cassino）等科研机构和大学的近30位专家学者，开展个案研究和综合研讨。为了完善研究计划，项目组在2012年访问德国马普学会科学史研究所（Max Planck Institute for the History of

Science），与雷恩（Jürgen Renn）所长等近20名西方科技史专家学者讨论这项研究的框架、主要内容、典型案例、方法论、前人工作和资料基础等重要问题。此外，项目组还听取了美国、法国、俄罗斯、意大利、英国等国专家的建议。国际同行的中肯意见对项目的设计和实施很有帮助。

科学革命、技术革命与现代化的关系是一个富有挑战性的、视野宽阔的大题目，对这个专题的研究在国际上非常鲜见。我们期望通过探讨这样的题目，能够为学术研究贡献点滴新知识，对读者思考有关问题提供线索。当然，在国内的世界科技史研究积累薄弱的情况下，研究这么大的新题目算是一次冒险的尝试。无论我们怎样努力，《科技革命与国家现代化研究丛书》都会挂一漏万，不过是万里长征的第一步。受研究基础的限制，目前完成的书稿中难免有疏漏，甚至错误，敬请学界同道和读者朋友们不吝赐教。

中国科学院自然科学史研究所

张柏春

2017年5月6日

于科学院基础园区

目　录

引　言

　　本书是"实用科技史"的一个尝试。那么，什么是"实用科技史"？在科技史的研究中，我们可以做这样的划分：基础科技史研究和应用科技史研究。二者的区别不在研究方法或严谨性上，而主要在研究的目的上：基础科技史的研究主要是为了呈现、澄清科学和技术的发展及其与社会、文化、政治、经济等因素互动的历史，注重的是学术性；应用科技史的研究则更注重用研究结果来解决现实社会和生活中的实际问题。目前，与科技史有关的一个最重要的实际问题是科技政策的制定。

　　科技政策之所以成为影响现代科技和社会发展的重要因素，主要是因为两个历史趋势：一个趋势是科学与技术对社会、经济、文化、政治和国防的影响越来越大，尤其表现在第二次世界大战期间；另一个趋势是科学与技术的发展越来越需要大量的资金和资源。这两个趋势合在一起，导致政府与科技发展的联系越来越密切。这种密切联系表现在政府越来越依赖科技的发展来帮助其完成各种任务，如国防、国民健康、经济发展等，而同时政府也越来越加大在科技领域的投资，随之产生了科技政策的两个相辅相成的侧面，即政府对科技的使用和支持。另外，由于科技对社会产生了越来越大的影响，公众也逐渐参与或要求参与科技政策的制定。所以，从广义上讲，科技政策不仅牵涉到政府和科学技术研究者，也牵涉到整个社会大众。

科技史的研究如何能够帮助制定科技政策呢？这可以归纳为三个方面，即经验、教训和反思。强调经验、教训的科技史研究大家比较熟悉，即试图通过科技史的研究找出科技发展的规律、模式，尤其是通过成功和失败的例子，给出"应该怎么做"和"不应该怎么做"的提醒，为科技政策的制定提供参考。科技史的反思功能指的是很多科学家、工程师、科技政策制定者乃至公众，时时刻刻都在自觉不自觉地利用历史，包括科技史，来做出决定和决策，而这些历史经常是建立在道听途说或一知半解的基础上的"历史类比"。所以，科技史学家与所有历史学家一起，有责任提醒大家反思自己对历史的使用，并力图参与公共政策的制定，指出历史的复杂性和历史解释的多元性，从而避免或减少对历史的简单化和滥用。

基于这样的考虑，1986年美国物理学史学家海尔布朗（John Heilbron）在美国科学史学会的年会上提出建立"实用科学史"，以使得"科技史学家、科技哲学家和科技社会学家们的相关研究成果，经过适当的包装，能够流向政策制定者们"（Heilbron，1987）。政治学家诺伊斯特（Richard Neustadt)和历史学家梅伊（Ernest May)则更是提出，美国总统不仅需要科学和经济顾问，也应该在白宫里任命一名历史学家做顾问。尽管到现在为止美国总统还没有正式任命一位历史学顾问，但确实有越来越多的美国科技史学家参与到公共政策制定的讨论中来，包括关于气候变化、核能的争论（Neustadt et al.，1986）（Wang et al.，2008）。

2

　　本书也是美国史和美国科技史的一部分。这里需要指出的是，尽管从第二次世界大战以后，美国在科技发展的很多方面处于全球领先地位，也被公认是现代化程度最高的一个工业化国家，但如前述，我们在考察美国的历史和科技史时，也要注意不要落入"简单历史类比"的错误里。对于中国的发展来讲，研究美国史和美国科技史既不是为了全盘照搬，也不是为了全盘否定美国的模式，而是基于历史的复杂性和多样性，来了解美国发展的经验教训，并试图以质疑的态度、力求真实的历史证据和最新的学术见解来反思我们现有的对美国史和美国科技史的印象和结论。

　　另外，最近一二十年来，在美国史的研究领域里，跨国史的研究越来越受到历史学家的关注。这里的"跨国"有几个方面的意思：一个是指美国史本身是受到很多跨国现象深刻影响的，比如移民、贸易、科技等，而对这些现象的关注会改变原来以政治和军事史为中心的传统国别史；另一个是指由非美国出生或在美国之外工作的历史学家所撰写的美国史研究，会带来与美国本土历史学家不同的视角，同时，针对非美国读者所写的美国史著作，也会改变关于美国史的写作；还有一个是指通过跨国比较研究，可以看到美国和其他国家、地区的历史之间不仅有"异"，还有很多"同"，从而减弱"美国特殊论"，把美国史融入世界史。从这些意义上讲，这本书也是一个美国跨国科技史研究的尝试。①

　　值得指出的是，"科技革命与美国的现代化"这个题目和本丛书

---

　　① 美国跨国科技在第三章里重点阐述。该章部分内容最早由作者在2005年用意大利文以"Ristrutturazione"为题发表（Wang, 2005）。在这里对原文进行了大量修改、扩充。

3

里的其他各卷一样，是一个非常宽泛、难以把握的题目。为了使本书能用有限的篇幅有效地阐述这样一个题目，有必要对标题里的几个关键词在美国史上的意义给出一个简短的解释。

首先，"科技革命"在美国史上是如何定义的？在美国史和美国科技史的研究中，一般很少使用"科技革命"这样的普遍性概念，而更多的是把"科学革命"和"技术革命"分开，考察具体的科学、技术的发展及其对经济、社会、政治、文化的影响。尽管对以牛顿为代表的16—17世纪的科学革命还有各种各样的争议，但一般学者和公众基本上接受这场科学革命的说法，认为它引入了一个理性的、因果的世界观（Cohen，1994）（Shapin，1998）（Brush，1988）。在本书里，我们将着重讨论科学革命与美国革命的联系。

在这个科学革命之后，是否又有一次或者多次科学革命？对这个问题众说纷纭，到现在也没有一个共识。著名的科学史学家、科学哲学家库恩在他1962年所著的《科学革命的结构》里，并未提出"第二次科学革命"这个概念，尽管他提到"牛顿革命"之后的"化学革命"和"爱因斯坦革命"。此前，在1961年发表的一篇文章里，他倒是用了"第二次科学革命"来描述19世纪的科学家们，例如傅里叶、克劳修斯、开尔文和麦克斯韦等，对17世纪培根经验科学（包括牛顿科学）的量化（Kuhn，1961）（Kuhn，1971）。另一位美国科学史学家布拉什（Stephen G. Brush）则认为第二次科学革命涵盖面更广。从19世纪中叶一直到20世纪初，从达尔文、麦克斯韦一直到普朗克、爱因斯坦、海森堡、薛定谔的理论，其主要特征是在自然过程的理解里加入了过程和概率的理念（Brush，1976）[603]（Brush，1988）。物理学史学家贝旦什（Lawrence Badash）则把19世纪末、20世纪初以相对论、量子论为代表的科学变革称为第二次科学革命（Badash，

1979），在本书里，我们就用这个意义上的第二次科学革命来考察它对美国科技和社会的影响。

关于"技术革命"，则更是有各种各样的定义和争论，但基本是与工业革命的讨论联系在一起。

著名管理学家德鲁克（Peter F. Drucker）曾提出人类历史上的第一个技术革命是古代灌溉技术（Drucker，1966）。美国技术史学家把从18世纪末到19世纪初美国工业革命中所涌现出来的蒸汽机和铁路技术称作"交通革命"（Cowan，1997）[93-118]。到了19世纪末，又出现了以电气化，尤其是以电灯、电话技术为代表的第二次工业革命，并进而出现城市化和往美国移民的热潮。这场革命可以说也包括了20世纪初，以汽车、收音机、电影等引领的现代技术发展及其所产生的深刻的社会政治变化。而对第二次世界大战以后技术发展历史的研究，强调的不再是某一个技术的历史，而是技术与科学、社会、文化的联系，尤其是公众对技术的态度及其对技术与环境关系的反思。所以在本书中，我们将着重考察美国第一次、第二次工业革命中的技术革命，以及第二次世界大战后美国科技和社会更紧密的联系及其影响。

本书最重要、最复杂的关键词是"现代化"。现代化有两个含义，一个是狭义的，指的是对某个设施、某个机构、某个技术的更新，以使其达到当时最新、最好的标准，例如海军舰艇的现代化。现代化的广义含义则是指一个国家、社会从传统到现代的转型过程，这个含义在美国20世纪五六十年代，以罗斯托（Walt W. Rostow）为代表的一批学者发展出所谓的"现代化理论"以后得到推广。该理论从欧美等西方国家的发展历史出发，认为世界各国都会走一条类似的现代化道路，即从传统社会向现代社会的转变，而在此转变过程中，技术、经济的发展是决定性因素。与马克思主义把社会发展分成原始社会、奴隶社会、资本主义社会、社会主义社会和共产主义社会不同，罗斯托把社会发展分成传统社会、为起飞创造前提的阶段、起飞阶段、成熟期和大众高消费阶段（罗斯托，1962）。该理论一出现就成了美国冷战时期外交政策的一个重要支柱，引导美国政府加强对发展中国家的经济援助，力图使其达到起飞阶段，实现现代化，就可以避免走共产主义的道路了。罗斯托本人也成为肯尼迪总统、约翰逊总统在安全和外交上的重要助手（Gilman，2003）。

　　然而，美国在越南战争中的惨败和美国社会、政治、文化在20世纪六七十年代的巨大变迁，导致学者和公众在20世纪70年代普遍质疑现代化理论的有效性和普适性。多个学者批评该理论的着眼点放在一个国家而忽视了国际环境，尤其是全球帝国主义和殖民主义对某个国家试图发展经济的限制作用，以及文化和历史在一个国家实现现代化过程中的深刻影响。到了20世纪70年代，现代化和现代化理论也在美国学界失去了魅力，各种新的理论，包括世界体系理论、全球化理论和后现代理论随之兴起（Gilman，2003）[203-266]（Engerman et al.，2003）。

　　但是，在20世纪90年代初冷战结束以后，全球化迅速发展，中国等发展中国家制定现代化的目标，并在经济发展上取得巨大进展，这在某种程度上又使得学者们重新审视现代化理论的可取之处（Gilman，2003）[266-276]。在这种情况下，有可能甚至有必要重新审视欧美等国家走向现代化的道路，以提供给中国和其他发展中国家作为借鉴。当然，这里要强调的是，首先美国的科技发展和现代化进程尽管有很多普遍性，可供其他国家参考，但也是与它的历史、文化和国际环境紧密联系在一起的。另外，尽管在本书里我们主要强调的是科学、技术，尤其是革命性的科学、技术的发展对美国现代化进程的影响，然而，同时我们也应该清醒地意识到一个国家的现代化进程会受到多种多样因素的影响，包括政治制度、文化传统、国际大环境、自然环境等。

最后想要指出的是，作为一本历史著作，本书的主要目的不仅仅是提出一系列明确的美国经验教训来供中国参考，而且想要通过对美国科技发展和现代化历史的考察，包括美国学者和公众对这段历史的反思，来说明历史和认识历史的复杂性，指出一些已被历史研究澄清的迷思和误解，或至少显示在哪些问题上历史学家和其他学者仍然在争论。这种通过历史和历史研究所展示的批判性思维，也许比现成的、明确的经验教训对建设一个现代化的社会更有意义。

第一章
科学、技术与美国工业革命

第一节　科学革命、美国革命和工业化争论

　　讲到科技革命与美国的国家现代化，就不能不提到美国革命，因为它不仅促使美国作为一个独立的国家出现在世界上，而且可以说是整个世界走入现代、走向现代化的一个里程碑。它向君主制和君主立宪制提出了挑战，在近代世界大国里第一个实现民主共和制度。那么，美国革命又是如何兴起的？

　　历史上，法国大革命比美国革命更有名，从某种意义上讲，在世界上有着更大的影响，以致于很多人认为美国革命是在法国大革命的影响下产生的。事实正好相反，法国大革命可以说是在美国革命的影响下兴起的。如果从1776年通过的《独立宣言》算起，到1787年制宪大会通过《美国宪法》结束，美国革命已经基本上完成了。而法国大革命，如果以攻陷巴士底狱为起点的话，是在1789年才开始的。

　　美国革命又是受到谁的影响和怎样的影响而发生的？这个问题可以说是近代美国史的一个中心问题，又被称作美国启蒙运动之争。所谓美国启蒙运动，指的就是在美国革命之前出现的思想、文化、社会、政治上的变革，正是这些变革奠定了美国革命的基础。长期以来，在历史学界占主导地位的观点是：美国革命是受到欧洲的自由主义、启蒙运动而兴起的，这与科学革命有直接的关系。也就是说，以牛顿为代表的科学革命动摇了神权、教会在思想界的统治地位，增强了人类理性在理解自然界和世界上的有效性，挑战了神授君权，并进而增强了人类以共和、民主的形式进行自我管理的信心。另外，科学革命不光坚定了启蒙运动思想家们关于自然规律和自然法的信念，而且还帮助确立了自然权利的概念，即生命、自由等是与生俱来的权利。以自然法和自然权利为基础的政治理论被称作经典自由主义，英国哲学家洛克对此理论的建立起到了重要作用。洛克深受牛顿及此前科学革命中关于自然规律理念的影响，而作为经典自由主义的奠基人，他又对美国革命领袖杰弗逊等产生了巨大的影响。

　　20世纪60年代以后，一些历史学家和学者开始质疑经典自由主义对美国革命的贡献。他们更强调共和主义的作用，即美国在英国殖民时期"天高皇帝远"的情况下所发展出来的自治经验和传统，包括早年从英国传承过来的传统公民权利。这种共和主义主要表现在各个殖民地所发展出来的议会制度（Cmiel，2012）。

　　尽管在自由主义还是共和主义对美国革命影响更大这个问题上仍然有争论，但不可否认的是，科学革命、启蒙运动对美国革命确实产生了巨大的影响，从而驱动了美国的现代化进程。例如杰弗逊，这位美国独立宣言的起草人、美国第三任总统，在1789年任美国驻法国大使时，曾从巴黎写信给美国画家特鲁布尔（John Trumbull），请他帮自己画三个人——培根、洛克和牛顿的画像。杰弗逊在信中写道：

> 我认为他们是有史以来最伟大的三个人，因为他们给自然和道德科学领域里所建立起来的上层建筑奠定了基础，我希望把他们单列在一个画布上，这样他们就根本不用和别的伟人分庭抗礼了。[①]

图1-1　位于费城的美国哲学学会图书馆里，杰弗逊及其所推崇的三个最伟大人物：培根、牛顿、洛克

摄影师Amy Cools，下载于http://ordinaryphilosophy.com/2015/05/07/thomas-jefferson-sites-part-3-philadelphia/，感谢摄影师惠允使用，2016年1月下载。

　　杰弗逊是当时少有的几个曾经通读过牛顿的《自然哲学的数学原理》的美国人之一。他不但熟悉当时最新的自然科学进展，并且身

————————

① 杰弗逊致特鲁布尔，1789年2月15日，http://www.loc.gov/exhibits/jefferson/18.html，2012年10月阅读。

体力行地开展了一些地理学、考古学、古生物学等方面的研究。他曾称："科学是我的热爱，政治是我的责任。"（Bedini，2001）[291]而美国的开国元勋富兰克林更是当时世界公认的电学权威，并因此在欧洲科学界、启蒙运动领袖圈里备受敬重，被认为是一个睿智的哲学家。富兰克林在费城领头创建的美国哲学学会是美洲第一个学术团体，美国革命的领袖包括华盛顿和杰弗逊都是其会员。在波士顿，另一位美国革命领袖亚当斯（John Adams）参与创建了美国艺术与科学院。二者到现在仍然是美国学术界极有地位的组织。

值得指出的是，杰弗逊、富兰克林等美国启蒙哲学家们，并不是停留在抽象的理论探讨上，而是把科学、实用技术、建国方略紧密结合起来。杰弗逊尤其喜爱建造各种机械装置并改进了犁，他还喜爱建筑设计，弗吉尼亚大学校园就是他的杰作。富兰克林改进了避雷针的设计，发明了对流式烤炉和火墙，他在印刷业和邮政事业上的贡献更是美国革命成功的一个重要因素。

美国革命的英雄、第一任总统华盛顿在1783年写给美国各州州长的一封信也印证了这一点。在信中，他试图说服这些州长来齐心协力建立一个强大的联邦政府：

> 上天不光给了（我们）这么多的恩赐（自然条件），最重要的是给了（我们）一个有史以来比任何国家都要优越的得到政治幸福的机会。我们的帝国的缔造，不是发生在无知和迷信的黑暗时代，而是在一个人类权利得到了空前的理解、得到空前清楚的确立的时代。在这个时代，对人类心智如何达到社会欢乐的研究取得了巨大的进展。多年来，通过哲学家、智者和立法机构的努力而得到的知识宝库，都敞开

大门让我们来使用，让我们有幸把他们集中起来的智慧用来
建立我们的政府形式。如果美国的公民仍然不能得到彻底的
自由和欢乐，那问题完全是出在他们自己身上的。[①]

在他当选总统以后给国会的第一个年度报告中，又一次明确地
提出："没有任何东西比科学和文学更值得你们来资助。在所有国家
里，知识都是建立公共幸福的最可靠的基础。"[②]

华盛顿的这些论述一方面说明美国革命的领袖都清楚地认识到当
年的科学革命、知识革命和启蒙运动对美国革命的巨大影响，另一方
面也说明在这个时期美国就对知识、哲学、历史采取非常明确的实用
态度。反过来，因美国革命而在18世纪80年代组建的宪法政府和公司
组织对后来美国的经济发展产生了很大的影响（Maier，2003）。

但是，美国的这些欧洲殖民者所享受到的得天独厚的自然条件是
建立在对印第安原住民有意、无意的损害的基础上的。在历史学家称
为"哥伦比亚交换"的过程中，新世界不仅为这些欧洲移民提供了丰
富的自然资源和印第安人的农业、狩猎等技巧，而且为旧大陆提供了
一批重要的作物，如红薯、土豆、玉米、花生、西红柿、烟草等。更
有意义的是新大陆的发现成了科学革命一个主要的导火索，挑战了原
来以基督教教旨为基础的自然知识体系，开阔了人们的眼界。而反过
来，印第安人从欧洲殖民者那里得到的是枪支、战马、酒精、传染病
和放逐等极具破坏性的回馈。枪支和战马使得印第安部落之间的战争

---

① 华盛顿致各州州长的通报信，1783年6月8日，见http://constitution.
hillsdale.edu/document.doc? id=233，2012年10月阅读。

② 华盛顿，"第一个给国会的关于国情的年度报告，"1790年1月8日，见
http://www.presidency.ucsb.edu/ws/index.php? pid=29431，2012年12月阅读。

更加残酷，酒精使得酗酒严重，至今都是印第安部落的一大问题。一些传染病，比如天花、疟疾等，导致大量的印第安人死亡。欧洲移民为了土地和矿产而对印第安人的残酷放逐更使得他们失去了传统的生活方式（Crosby，1972）（Nunn et al.，2010）。尽管华盛顿意识到这个问题的严重性，但他和美国政府并没有采取有效的措施制止对印第安人的伤害。

美国当时的"政治幸福"也没有惠及美国的非洲奴隶，他们的权利没有得到任何理解和确立，尽管美国革命领袖都不同程度地反对奴隶制（华盛顿在他的遗嘱里宣布死后解放自己的奴隶）。奴隶制不光是美国道德上的污点、政治上的分裂点，也是美国早期工业化的一大障碍。

美国在革命和建国初期，不仅受到科学革命的影响，也受到以蒸汽机为代表的技术革命和工业革命的冲击。但由于奴隶制在美国南方的存在和兴盛，南方在长时期内维持了一个以庄园为主要组织形式、以奴隶为主要劳动力的农业社会，抵制在北方出现的工业化的发展。另外，在经济形式的差异之外，主张和反对工业化的两派还就工业化的政治哲学意义和社会文化效应在18世纪末和19世纪初进行了一场大辩论。

反对工业化的一个代表人物是杰弗逊，尽管他自己热爱科学、热衷技术发明。杰弗逊出身在南方的弗吉尼亚，从小跟着担任土地测绘师的父亲在田野里长大，熟悉并喜爱农业生活（还拥有奴隶）。后来他发展了自己的政治哲学，认为拥有土地、自给自足的农民是民主制度和共和体制最理想的公民。在法国和英国，他看到早期工业化导致农民失去土地，不得不给工场主做工，从而失去很多自主权，甚至政治权力，而且导致城市里出现贫困、无业游民。所以，他极力主张美国采取各种措施来支持农业，避免工业（"制造业"）发展，希望"把我们的作坊留在欧洲吧"（Jefferson，2002）[197]。在这一点上，富兰克林和杰弗逊是一致的，他们反对的不是机器或机械化，而是制造业及其可能引起的社会两极分化（Licht，1995）[15-16]。

　　主张工业化的代表是另一位美国开国元勋汉密尔顿（Alexander Hamilton）。他出生在加勒比地区，在纽约上学，后来与当地的金融业有密切的联系。独立战争中汉密尔顿是华盛顿的得力助手，后任华盛顿总统的财政部长，是美国建国初期的主要经济政策制定者。与杰弗逊相反，汉密尔顿认为制造业对"国家独立和安全"极为重要，可以发挥不同人的不同特长，激发新兴的机械化和银行业的发展，吸引外国技术移民，促进整个经济的增长，以及通过农产品的加工而促进农业的发展（Hamilton，1827）。鉴于他对美国建国设想的贡献，汉密尔顿经常被认为是美国现代化的一个最重要的设计者。例如，2004—2005年纽约历史协会等组织了一个关于汉密尔顿的展览，题目就是"亚历山大·汉密尔顿：现代美国的缔造者"[①]。

图1-2　位于美国财政部大门外的亚历山大·汉密尔顿塑像

　　来自维基共享网站，雕塑家James Earle Fraser，摄影者D. B. King，https://commons.wikimedia.org/wiki/File:Alexander_Hamilton_%28359047222%29.jpg，公用领域作品，2016年1月下载。

---

　　① http://www.ala.org/programming/hamilton/alexanderhamilton，2010年10月阅读。

从世界经济学角度来看，有历史学家认为杰弗逊和汉密尔顿关于工业化之争，其实是18世纪末和19世纪初美国试图摆脱英国重商主义体制的一部分。该体制把美洲殖民地及后来的美国当作英国工业原材料的提供者和工业品的购买者，置其于被支配地位。美国革命可以被看作是摆脱该体制的一个重要步骤，而"杰弗逊–汉密尔顿争论"是该斗争的延续（Licht，1995）[18-19]。在这种历史趋势下，事态的发展比领袖间的争论对国家导向更重要。1807年，在英法战争期间，因为英国海军攻击了美国货船，美国国会通过并由杰弗逊总统签署了一个全面海上禁运令，本意是以此切断英国（和法国）的外贸并迫使其停止骚扰美国船只。但禁运令失败了，它导致美国船员失业、外贸锐减、农产品价格下降，到后来更是偷运成风。但此禁运令却产生了一个意想不到的结果：美国制造业得到迅速发展，以弥补因禁运令所导致的进口货物的短缺和对农产品的加工处理；纺织工厂在北方急剧增加，拯救了南方的棉花种植业（也增加了对奴隶的需求）。在这期间，由美国人富尔顿发明的蒸汽船成为美国对世界工业化贡献的第一个重大技术。另外的两个进展对美国工业化的发展影响同样深远，一个是全国性的交通系统（尤其是公路）开始出现，另一个是联邦政府开始资助私人军械厂为政府制造武器，最终使可交换部件制造业有了革命性进展（Maier et al.，2003）[295-299]。

在麦迪逊总统任期内所发生的美国与英国的"1812年战争"成为美国工业化、现代化的一个转折点。这场持续了两年多的战争也被称作美国的"第二次独立战争"，它使得美国彻底脱离了英国重商主义体制，加快了美国工业化和经济市场化的进程及贸易网络的扩张，以至于到19世纪中叶，美国一跃成为世界第二大经济体。通过引进欧洲的技术和人才，美国的纺织业得到大力发展。在这个过程中，基础设施建设起到了很大的作用，尤其是公路、运河和铁路的修建，以及在制造业中引进新型的机器，而这些都是与各级政府在这段时期制定的促进经济发展的政策分不开的。随之而来的是这段难得的和平时期的政治、社会、文化上的一系列变化：更多的白人男子得到选举权；印刷技术革命使得报纸得到普及，从而激化了政治党派之争；经济持续发展促生了文化乐观主义，认为美国注定会永远进步、向前发展，并导致宗教激情高涨，产生"第二次大觉醒"，还推动了废奴运动（Maier et al.，2003）[289–290]。

图1-3 美国画家伽斯特（John Gast）所画的《美国进步》油画（1872年）

来自维基共享网站，https://commons.wikimedia.org/wiki/File:American_progress.JPG，公用领域作品，2016年1月下载。

第二节 联邦政府、实用研究和工业化

除了关于工业化的争论，在早期美国还发生了关于政府是否应该资助科学研究的争论。美国的几个革命领袖都希望联邦政府在推动国家的科学、教育和贸易发展上起到促进作用。在1787年的制宪大会

上，富兰克林提议授权联邦政府修建运河，麦迪逊提出在首都建立一个国立大学。但小州代表们反对这些提案，觉得一个强大的联邦政府会被大州的利益左右，还有其他一些代表也不愿意看到联邦政府权力扩大，所以这些提案最终未能通过。在这一时期，科学在一定程度上还被认为是欧洲来的高雅之学，无助于美国人民拓荒生产的需求。最后，宪法只是很笼统地赋予联邦政府"促进公共福利"的责任，唯一提到科学的地方是第八款内，授权国会通过立法来"保障著作家和发明家对各自的著作和发明在限定期限内的专有权利，以促进科学和工艺的进步"（王作跃，2005）[37]（Dupree，1986）[3-5]。建国以后，华盛顿总统曾再次提议在首都建立一个国立大学，得到麦迪逊，甚至杰弗逊的支持，但最终还是未能通过（Dupree，1986）[14-15]。

美国社会文化极端实用，以至于美国政府长期忽视科学的说法也不全面。出于实际需要，联邦政府在19世纪不断增加与军事和民用有关的科学研究机构，如专利局、海岸测量局、海军天文台、海军水文办公室、地质考察局，以及半官方的史密森学会等。1802—1803年间，杰弗逊总统与法国的拿破仑进行了路易斯安那购地交易，从而以1 500万美元的低价倍增了美国国土，并亲自策划了有名的"刘易斯与克拉克远征"。该远征团在1804年5月从美国当时的西部边疆（现在的伊利诺伊州）出发，穿越美洲西部到达太平洋，于1806年9月返回美国的圣路易斯市，沿途记录各种自然知识和关于印第安人的民俗文化，采集运回大量生物标本，对美国的西部开发产生了巨大的影响。后来，政府在西部开发过程中又组织了大量的与地质学相关的探索活动。所有这些机构和活动对美国的地质、地理、气象、生物等学科的发展有巨大的推动作用。在美国大学只强调教学、不注重研究的情况下，美国联邦政府在19世纪上半叶成了美国科学发展最重要的资助者（Dupree，1986）[20-114]。

美国在19世纪前半期最显著的成就还是在技术发展上。"1812年战争"之后，美国经历了一段较长时期的和平发展，又通过各种手段把领土大规模向西和向南扩张。地多人少，在政府的支持下，美国以机械化和电气化为代表的各种技术发明应运而生，包括19世纪40年代摩尔斯电报的诞生。到1851年伦敦举办第一届世界博览会时，美国在实用技术上的成就开始震惊世界，其中包括麦克米克收割机和柯尔特手枪。柯尔特用机床制造枪械的系统尤其吸引了英国和其他欧洲国家的关注，被认为是代表了一个新型的"美国制造系统"。英国政府专门派出一个代表团到美国东北部考察美国制造业，并购买了大量的机器设备和工具，用在英国皇家军械制造业中。这是美国第一次向欧洲进行技术转让，在此之前技术转让（如纺织）几乎都是反向的。而到了1853—1854年，海军将领佩里（Matthew C.Perry）通过宣示美国军事和民用技术（炮舰、火车、电报等），逼迫日本结束锁国政策开始与美国交往（Maier et al.，2003）[423-430]。

第三节　南北战争与美国工业化

随着美国北方在19世纪上半叶逐渐开始工业化，以及废奴运动的兴起，以奴隶制农业为基础的南方白人感受到了政治上的威胁。南北两个经济和社会体制的冲突集中体现在西部各新州是否以蓄奴制度进入联邦：南方要求新州允许奴隶制而北方反对。尽管一系列的妥协方案勉强使得联邦得以维持，但矛盾不断激化，到了1860年总统大选之时更是到了爆发点。共和党候选人林肯在大选中并没有主张南方废除奴隶制，但他认为应该给予黑人最基本的人权。他的当选使得南方各州觉得南方奴隶制受到了前所未有的威胁，从而迅速宣布独立，并进而攻占位于南方的联邦军事基地。而林肯和其他北方领袖不承认南方的独立，派兵镇压叛军，从而开启了长达四年多、美国历史上死伤人数最多的南北战争。南北战争最后以北方在1865年的胜利告终，但林肯总统本人却在战争刚结束时遭到同情南方的刺客暗杀身亡。

南北战争与工业化又有什么关系呢？工业化不仅是导致南北战争的一个重要因素，而且在战争的胜负上也起到了很大的作用，以致历史学家经常把南北战争称作"第一个工业化战争"，认其为现代战争的开端。铁路和蒸汽船不仅用来运输士兵，而且是调配供给的重要工具，所以双方经常为争夺铁路枢纽和港口而交锋。电报被用来协调军事战略、战术以及后勤。其他重要技术包括新型来复枪、机枪、铁甲战船、潜水艇、地雷、新式战地医院等。在这些方面，北方比南方在工业化上的优势也反映在它最终的胜利上（Maier et al.，2003）[465-467]。

南北战争时期通过的一系列所谓共和党法案对美国科技教育的发展是有深远影响的。南方民主党议员的退出使得北方共和党议员们能顺利通过他们的法案。1862年通过的几个重要法案基本上结束了"杰弗逊-汉密尔顿争论"，以实际行动表示联邦政府可以在科技、教育、经济领域发挥积极的作用。太平洋铁路法案促成了7年后横跨美国东西的铁路的建成（为此，大量华人工人做出了贡献和牺牲）。农业部的设立是"为了获得和向美国人民宣传与农业相关的各个学科的有用知识（这里农业是以最广义和综合的理解），获取和繁殖新的、有价值的种子和植物并向人民分发"。莫雷尔（Morrill）法案授权联邦政府按每个州的参议员和众议员人数赠予联邦土地给州政府。州政府把土地卖掉后用所得资金建造州立大学，尤其注重研究和推广"农业和机械技术"。这个法案促成了全国69个"赠地大学"的建立，包括加州大学和伊利诺伊大学，这些大学成为美国公共高等教育的支柱。1863年，林肯总统还签署成立了半官方的国家科学院，旨在为政府提供科技咨询（Dupree，1986）[135-151]（Maier et al.，2003）[470-471]。①

　　与国家科学院的建立相关的是南北战争之后所发生的关于是否设立一个联邦科技部的争论。②如前所述，尽管美国政府早期并不像想象的那样极端忽视科学，但它的务实精神和联邦政体确实极大地限制了它的中央科学机构的设置。尽管美国开国元勋中受到启蒙运动影响极深的思想家，如杰弗逊、麦迪逊等，还有当时世界闻名的大科学家富兰克林，都希望联邦政府在推动国家的科学、教育和贸易发展上起到促进作用，但效果有限。

　　然而，出于实际需要，联邦政府在19世纪不断增加与军事和民用有关的科学研究机构。到了1884年，国会觉得联邦各科研局不仅发展迅速，而且职责似乎有日渐重叠的现象，遂由参众两院各出三名议员组成一个委员会来调查此事，并进而对美国科学与政府的关系做出界定。这就是美国科学史上有名的艾利森委员会（Allison Commission），参议员艾利森（W.B.Allison）出任主席。该委员会的第一个举措是请国家科学院任命一个由科学家组成的委员会考察欧洲

---

　　① 美国农业部国家农业图书馆网站：http://www.nal.usda.gov/act-establish-department-agriculture，2012年12月查阅。

　　② 这里和后面关于美国是否成立科技部的部分内容最早在本书作者的文章中有呈现（王作跃，2005）。这里有修改、扩充。

大国的情况，并对如何协调美国政府的各科研机构做出建议。

正是在这个科学家组成的委员会的报告中，第一次正式提议联邦政府设立一个"科学部"来统筹管理科研各局，并"指导和控制政府内所有的纯粹科学方面的工作"。为什么？因为发展科学已经直接关系到政府能否担负宪法所赋予的"促进公共福利"的责任。为此，报告列举了一系列当时的高科技——摄影、电学及由此带来的电报、电话、电灯、电气铁路——来说明科学的巨大经济效益与公共福利的密切关系。如果像报告中希望的那样，科学部部长由一个既懂管理又懂科学的人担任，那么他将成为科学家在政府里的代言人，并提高整个科学界的地位和影响。然而，尽管这个委员会在报告中称它的提议代表了科学界的愿望，实际上有一些科学家，如哈佛大学的阿加西兹（Alexander Agassiz），公开反对建立联邦科学部，甚至对已有的科研局，尤其是地质调查局，也深为不满，认为它们对私立大学和研究机构造成不公平竞争。地质调查局局长鲍威尔（John Wesley Powell）则针锋相对，提出政府研究不会威胁，只会激发、促进和引导私立研究。但鲍威尔也不支持设立科学部，而是提议由史密森学会来统筹政府研究（Dupree，1986）[220-224]。

与科学家委员会的报告中强调科学部相比，艾利森委员会内部的争论则更集中在国会如何控制这些科研局的问题上。在艾利森委员会的六个委员中，有两个来自南方的议员站在阿加西兹一方，主张对地质调查局的研究工作加以限制，但经过鲍威尔和其他科学家的力争，其他委员建议国会继续支持该局的科研活动，至于科学部的问题，艾利森委员会1886年报告的最终结论是"没有必要"。艾利森委员会的调查表明，各个科研局的工作之间并没有太多重叠，互相间的联系沟通也没有问题，所以建立一个新的科学部并不会改善工作效率。总的来说，艾利森委员会的调查对美国科技政策有三个方面的影响：稳固了国会对联邦科研机构的调查和间接控制权，确认了科研机构在政府工作中的重要地位，否认了那种认定只有把所有科研机构集中在一个科学部才能体现出科学的重要性或发挥它的潜力的想法。艾利森委员会的调查表明，科学只有与政府各部门的工作发生紧密联系时才能更好地发挥它的效力。换句话说，与科学家们重视科学的地位和象征意义相比，政治家们更关注科学的实用效果。尽管后来科技部的话题又屡次出现，但这次艾利森委员会的调查基本上形成了美国不设立科技部的传统，从而影响美国形成比较独特的科技发展之路和政策架构。

第四节　美国工业革命及其政治、文化影响

南北战争极大地促进了美国工业化的进程和美国社会的现代化。大规模工业化、现代化战争运作的经验很快就被应用到经济发展上，促使工厂系统扩张、大企业兴起，以及交通和通信网络的扩展延伸。有历史学家认为，在此意义上南北战争标志着"现代时代"的开启（Maier et al., 2003）[482]。但也有历史学家认为南北战争对工业化的直接影响有限（Licht, 1995）[79-101]。尽管美国工业化从18世纪末就已经起步，并在19世纪上半期得到迅速发展，但真正彻底改变美国经济、社会并使得美国成为一个世界强国的是南北战争之后1865—1900年间的大规模变化，被历史学家称为"美国工业革命"。1865年，美国的国民经济总产值仍然落后于英国和其他西欧强国。到了20世纪

初，美国的国民经济总产值不仅超过了英国，而且超过了英国、法国和德国的总和。①这场美国工业革命可以说带动了一个新的全球性的工业革命，有时也被称作"第二次工业革命"。

南北战争之后，美国政治上的相对稳定为技术和工业的发展奠定了基础。南方和西部从主要以农业为主的经济体制向工业化迈进，不仅加速了两地的经济发展，而且为北方的工业发展提供了新的市场。而全国性的交通网络的建设，尤其是铁路系统的扩展，不仅促进了技术、经济发展，而且为全国经济进一步发展打下了良好的基础。

这个时期美国技术的发展具有鲜明的特征：一方面，摆脱了原来对西欧技术的依赖模仿，大规模地发展了创新技术，如电气化、电话等；另一方面，这些新技术又促进了以铁路所开启的技术发展模式的产生和扩展。与原来的单个技术工业，如军械制造业相比，这个时期的不少新技术，如铁路和电话，催生了新的技术网络，开始是区域性的，后来发展成全国性的，甚至国际性的。这种以新技术为依托的网络式工业发展促使大企业诞生。这些大型企业，如铁路公司、石油公司、电话公司，采取了横向（兼并与其竞争的企业）和纵向（拥有从原材料到产品组装的所有生产环节）融合发展的方式，从而极大地提高了技术利用和经济效应。但同时，大企业和商业公司的出现，也引发行业垄断和政治腐败的问题，从而使得这个时代被称作为"镀金时代"。

这段时期美国的经济起飞是由铁路发展带头的。南北战争之后，美国铁路不仅迅速扩展到南方和西部（美国西部的铁路开发主要依靠华人工人），使得北方的工业品、南方的农产品和西部的矿物能通达

---

① 见美国公共电视台（PBS）纪录片《赴美的旅程》（Journey to America）（Alexandria, V A: PBS Video, 1989）。

各地，形成一个全国性的市场机制，还便利了农村与城市之间的贸易，如农民从城市里购买农业机械、化肥等，同时把农产品输入城市或区域性的交易市场。而这些区域性市场的形成在很大程度上也是由铁路的发展所促成的。例如，由于冷冻列车的发明和使用，芝加哥在这段时期迅速发展成为肉产品集结、加工和销售中心。铁路的大规模扩张需要大量原材料，这就带动了与此相关的众多其他行业的发展，尤其是钢铁和木材（用于制造轨道和车厢）、煤以及后来的石油（动力）。铁路线的建设还带动了沿线电报（以及后来的电话）线路的建立，以及以西尔斯（Sears）为代表的全国性邮购生意的兴隆。1886年，在一个星期之内，九千英里南方铁路的铁路轨距缩短了三英寸，使得北方的火车能在南方铁路上运行（Pursell，1995）[78-81]。

美国铁路是在19世纪20年代引进英国技术的基础上发展起来的，它在美国得到改造和改进。与地形相对平坦的英国不同，美国铁路需要跨越高低不平的地势，所以美国制造的火车机车功率更大。为降低成本，美国的铁路沿线没有像英国那样设置障碍物，所以刚开始经常有牛跨越铁路线与火车碰撞而发生事故。为解决这个问题，有人发明了"火车头排障器"，把牛（或其他障碍物）从轨道上清除到边上（Pursell，1995）[81]。1873年，魏斯汀豪斯（George Westinghouse）所发明的空气制动器得到广泛使用，大大提高了火车的刹车能力和安全性，而杰内（Eli Janney）所发明的耦合器，可避免发生列车车厢连接时操作员在两个车厢之间被挤致死的事故（Maier et al.，2003）[519]。

作为这一时期的第一个高技术网络，铁路还促生了一个管理上的革命和美国社会的文化变化，可以说是美国现代化的一个重要推动

注：1英里≈1.6千米　1英寸≈0.025米

者。因为各地铁路运行需要进行协调，所以出现了全国性的统一时间和四个时区的划分。在此之前，美国各地区，甚至邻近的城市，都有自己不同的时间标准。为了配合铁路时刻表，所有民众都开始使用钟表，尤其是手表，从而大大促进了钟表业的发展。铁路运行所需要的大量协调工作还诞生了职业管理者和白领阶层。企业不再是由拥有者管理，而是由雇来的经理管理，而且新的管理体制要求雇员——白领工人——具备专业性知识或技能而与体力劳动分离。这一发展为妇女参加企业工作，尤其是办公室工作打开了大门（Pursell，1995）[82]（Maier et al.，2003）[520-521]。

但是像所有技术一样，铁路的出现和发展并不是给所有的人都带来收益，也因而并不是受到所有人的欢迎。例如，在美国19世纪中后期铁路向中西部和西部的发展给印第安人带来了严重的后果。首先，铁路发展加大了美国人向西部开发的力度，造成大批移居者和矿业主进入到原来印第安人的居住区域，双方不可避免地发生冲突，进而导致美国政府派兵镇压印第安人部落，直至把他们残酷地驱赶到所谓的保留地。其次，在中西部，铁路的修建和延伸导致对野牛的大规模狩猎，使其几乎绝种，而野牛是很多中西部地区印第安部落赖以生存的重要自然资源，所以它们被屠杀也导致这些印第安部落生活陷于困境。另一个对铁路不满的群体是农民，他们发现自己越来越依赖于铁路公司来运送他们的农机和农产品，但铁路公司的任意涨价使得他们受到压迫。农民组织起所谓的民粹党来向政府施压，要求政府来打破铁路和其他公司的垄断。

近年来，技术史学家在研究美国19世纪末的工业革命时越来越关注"技术系统"的重要性。"技术系统"这个概念强调的是，任何一个有重大社会意义的技术的发展，如蒸汽机、火车头、电灯、电话，最重要的不是某个硬件的发明，而是一整套技术系统的发展。这个技术系统包括这些单独的硬件和把这些硬件连成一体的硬件网络，如从电灯到输电网，再到发电站，也包括人、组织和社会网络，如从发明家到制造者、资助者，再到使用者、消费者，以及政府政策制定者和执行者。从这样一个广义的角度来理解技术，就能更清楚地看到技术的社会性，以及技术与社会之间的互动。

19世纪末20世纪初，泰勒（Frederick Taylor）提出"科学管理法"，认为可以通过"时间—运动研究"来优化工作效率，即测量每一个动作所需要的时间，并通过各种措施（包括劳逸结合）来缩减时间、增加产出。此理论对美国社会产生了重大影响，因为它一方面是工业化的产物，另一方面也促进了对技术系统从管理角度进行改进的研究和实施，可以说是技术系统时代的代表哲学，使管理作为一个行业出现，并创生了管理学。从福特汽车公司开始的流水线组装技术可以说是这一管理哲学的一个例子——工人不用花时间去寻获部件组装汽车，而是由一个流水线把所需要的部件送到该工人的手中，提高了工作效率。该系统增加了公司的利润，从而受到厂家的欢迎，但对工人产生了负面影响：一方面工人重复同样的、枯燥的动作，极易疲劳和出现工伤；另一方面，这种生产和管理系统，给予系统巨大的操纵力，几乎没有给工人任何自主的余地，以至于任何人都可以做此工作，从而导致技术系统时代工人的"去技能化"，受到了工人的普遍抵制（Olson，2016）。

很多历史学家认为，技术系统的涌现是现代社会最主要和最重要的标志之一。例如，美国技术社会史学家科宛（Ruth Schwartz Cowan）就认为：

　　19世纪初，工业化的过程在有心关注的人来看似乎是一个相当不连续的事情：隔壁村子里建了一座纺纱厂，有一个商人在河的上游设立了一个面粉厂，几英里外新设了一个火车站。到了19世纪末，几乎所有的美国人都意识到，工业化的进程已经今非昔比了，它已经成了一个系统的事业，它创造出了相互连接起来的、各种物质的和社会的网络。而所有美国人，无论是富有的还是贫穷的、年轻的或年老的，都越来越生活在这些网络之中。（Cowan，1997）[171]

　　美国著名技术史学家休斯（Thomas P. Hughes）提出技术系统是理解技术史的关键。他更进一步认为，美国历史文化最具特色的不是其民主政治、自由企业制度，而是美国人一贯对技术的热忱，尤其表现在1870年所开启的长达一个世纪的技术热潮和技术创新。休斯提出，在19世纪的最后30年里，美国人重塑了自己的世界，把它从一个上帝制造的自然世界改造成了一个技术世界，一个强调秩序、系统和控制的世界，从而完成了一个"美国创世纪"。他认为，美国的这百年技术热潮奠定了美国现代化的基础，其在美国历史上的意义，可以与文艺复兴在意大利历史、路易十四时代在法国历史和维多利亚时代在英国历史上的意义相媲美。而在这个改造自然的过程中，最重要的不是单个技术的发明，而是囊括了这些发明的技术系统。"在这个技术热潮的年代里，最具特色的活动是发明、发展和组织大技术系统，即生产、通信和军事技术系统。"（Hughes，2004）[3]

　　如果说铁路是19世纪的代表性技术系统的话，汽车可以说是20世纪的代表性技术系统。在这个技术系统的发展过程中，亨利·福特扮演了一个重要的角色，甚至被认为是对20世纪影响最大的一个人。福特并不是内燃机汽车的发明者，甚至也不像一般所称的流水组装线的创始者（最初的想法可能是来自他的部下），但他确实改进了汽车设计，安装了世界上第一条流水组装线，大幅度降低了汽车的造价，提高了工人的工资（第一个实行1天5美元工资制），从而大大普及了汽车。汽车的普及改变了人们的生活、工作、文化活动的方方面面，尤其对年轻人的生活，包括两性关系，产生了革命性的影响。像铁路一样，汽车作为一个技术系统成为整个国家经济的一个最重要的组成部分，牵涉到各级政府（修路、车辆和驾驶管理等）和几乎每一个社会成员，可以说在当时（20世纪初）成为现代化社会的最重要的一个标志（Hughes，2004）。

如果说铁路和汽车是美国交通大技术系统群的话，那么电气化是另一个涉及通信、生活、生产的大技术系统群。这个技术系统群包括电话、电灯、留声机、收音机、电影等各个技术系统。与铁路这个技术系统在美国的发展有所不同的是，电气化的各个技术系统一般都是由独立的发明家做出新的发明而开启的，而且一开始其实用价值往往没有得到公众的认知。但这些发明家或企业家、金融家经过不断地尝试，逐渐把这些发明演变成技术系统，并通过各种公关措施（如报纸、杂志广告），向公众推销这些技术发明，在其实用性得到认可以后，再把技术发展成全国性的（甚至国际性的）技术系统。一旦取得成功，这样的技术系统会深刻地改变社会，但在此过程中公众也对技术的发展施加影响。

在技术系统的发展过程中，独立发明家往往起到了决定性的作用。这里，独立发明家又可以分成两种：一种是职业发明家，指的是以发明为生计的发明家，例如多产的爱迪生（Thomas A. Edison）；

另一种是业余发明家，指的是有一定稳定收入或职业的发明家，他们的生计并不取决于他们的发明，这使得他们更加愿意花费精力在数量少、难度大、风险大，但会带来革命性变革的技术发明上，例如被公认为电话的发明者的贝尔（Alexander Graham Bell）。贝尔当时是波士顿大学的教授，所以发明是他的业余活动。开始，他像戈雷（Elisha Gray）等其他一些发明家一样，做一些电报方面的技术改造。因为当时电报是一个大的行业，如果发明成功会有巨大的经济效益，并给发明家带来专利和收入。但贝尔并不依靠他的发明收入，所以在1874年看到有可能用电报线路传递声音或音乐之后，他就放弃了电报方面的研究而在技工助手华生（Thomas Watson）的帮助下专注于电话的发明。戈雷同样也看到了电话的前景，但他作为一名职业发明家，需要电报技术发明方面的收入，从而没有全力转向电话发明。这样一来，一个戏剧性的巧合发生了：就在贝尔于1876年2月14日提交他的电话专利申请的同一天，戈雷也提交了他的电话发明专利申请，但他的申请只是一个意向申请书，而不是一个完整的申请，所以到后来双方打官司时贝尔胜诉（Hughes，2004）[55-56]。

图1-4　美国发明家爱迪生在他位于新泽西州的实验室里（1901年）

来自维基共享网站，https://commons.wikimedia.org/wiki/File:Edison_in_his_NJ_laboratory_1901.jpg，公用领域作品，2016年1月下载。

　　当然，作为独立职业发明家，爱迪生对这段时期美国技术发展的影响可以说是任何人都无可媲美的。他不仅被认为发明了留声机、电灯和电影等这些划时代的技术，而且在他一个人身上体现出了从独立发明家到技术系统缔造者的转变和双重身份。例如，他发明了白炽灯以后，还在他的发明作坊的技工的帮助下，发明和制造了各种各样与电相关的器件，例如灯座、开关、线路、发电机等，使得电灯这个发明能够成功转变为电气照明这个技术系统。这期间，爱迪生的一个重要举措是利用公关手段来说服大众把电引入家里是安全的，例如在节日游行时，爱迪生让他的员工们头上顶着发亮的灯泡（直流电）列队行走。到后来，这个技术系统大规模扩张，以至于大制造公司、金融家甚至政府部门都参与其中。但爱迪生因为坚持直流电、反对交流电而逐渐在市场上受到挫折，这使得以摩尔根（J.P.Morgan）为首的金融家股东们干涉公司的运作，采用特斯拉（Nikola Tesla）所改进的交流电技术。这导致爱迪生逐渐失去了对电灯这整个技术系统的控制，以他命名的"爱迪生通用电气公司"变成了"通用电气公司"，但整个电气技术系统却得到了飞速的发展。[①]

　　独立发明家的黄金时代到20世纪初逐渐结束了，取而代之的是以科学为基础的、以公司为依靠的工业实验室系统。这个转变发生的最主要原因是，到了19世纪末、20世纪初，第二次工业革命所催生的一系列技术系统逐渐成熟，产生了像贝尔电话公司和通用电气公司这样的大公司。这些大公司需要的不是革命性的新技术发明，而是那些能够改善它们已有技术的渐进性技术革新，来保护和扩展这些公司已有

---

　　① 参见纪录片《爱迪生的奇迹之光》（Edison's Miracle of Light），波士顿，WGBH，PBS video，1996.

的投资。而且，到了这个时候，技术的进一步发展需要利用最新的科学研究成果，而这些成果不是传统的、自学成才的独立发明家所能掌握的。以贝尔电话公司为例，到了20世纪初改名为美国电话和电报公司。到1911年时，为了发展长途电话技术，尤其是能够连通美国东西两岸的电话技术，在工程部设立了一个非正式的"研究分部"，研究人员是从芝加哥大学招来的几个物理学博士，他们刚刚跟该校的物理学家密立根做过有关电子方面的研究。果然，这些年轻的物理学家们在独立发明家佛莱斯特（Lee de Forest）所发明的简陋三极电子管的基础上，研制完善了电子放大器，从而为公司实现了1915年两岸通话的目标。这个例子也说明从独立发明家到工业实验室的过渡是一个渐进、连续的过程，而非一个跳跃式的改变。第一次世界大战时期，以爱迪生为首的一个组织试图发挥发明家的力量来为政府提供军工方面的服务，但几乎没有任何有价值的技术发明，因此被广泛认为是标志了独立发明家时代的结束（Hughes，2004）。新兴工程师职业得到迅速发展：1900年全美约有45 000名工程师，而到了1930年则增加了4倍，达到约180 000名（Maier et al.，2003）[694]。

图1-5　纽约市夜景（1935年）

摄影师未详。来自美国国家档案馆网站，http://www.archives.gov/research/american-cities/images/american-cities-053a.jpg，公用领域作品，2016年1月下载。

美国19世纪末的技术革命和工业革命对美国社会最大的影响之一体现在城市化上，表现在城市数目越来越多、规模越来越大。1870年时，只有800万人住在人口8 000人以上的城市里；到了1910年，有3 900万人住在城市里，占总人口的39%；而到了20世纪20年代，超过半数的人口住在城市里，这标志着美国城市化的一个转折点。城市扩张的人口主要来源是从美国农村转移到城市的居民和从世界各地来到美国的移民，因为工业化使城市产生大量的工作机会。但城市的扩张还得益于几个关键技术：一个是19世纪90年代有轨电车的发明和广泛使用，取代了马拉轨道车，大大方便了城市交通，从而促进了城市的扩张；另一个是电动地铁的发明和使用。桥梁建筑技术的改进也促进了城市的发展，因为很多大城市处于海边或河边。如果说这些技术使得城市横向扩张成为可能，那么新的建筑技术和电梯的发明及使用使得城市在纵向上也得到扩张，产生了众多的摩天大厦，尤以纽约最为著名。而电力照明则彻底改变了城市的夜生活，使得商店和娱乐场所能够延长营业时间，产生了许多百货商店，促进了消费社会的发展（Maier et al.，2003）[607-615]。

值得指出的是，技术革命所推动的急剧城市化也给美国带来了一系列社会政治问题，而针对这些问题所产生的一系列法律和政府改革也成为美国现代化的一个重要部分。大量的移民，尤其是从东、南欧洲和亚洲来的移民，为美国工业化提供了大量的廉价劳动力，但也因种族、语言、文化和宗教等因素，受到在美国占主导地位的西、北欧裔美国白人的歧视。他们大多聚集在大城市中新形成的贫民区里，生活和工作条件都得不到保障。华人更是因1882年通过的排华法案而被公开歧视，在移民美国和其他各种问题上仅仅因为种族因素而受到限制。整个社会的贫富差距急剧扩大，而且在交通工具改进之后，城市里出现了以阶级划分的居住区域。

为应对这些技术革命、工业革命所带来的变化，在19世纪末、20世纪初涌现出了一个"进步运动"，旨在推动各级政府采取措施，改进工人的工作条件，限制大企业的影响力，限制、打破大企业的垄断，通过直接选举参议员、允许选民提案改变法律等措施来扩大民主，聘用城市政府职业经理人等来改进政府运作的效率，减少民选官员收受贿赂的弊端，并推动妇女投票权的实施。这些因工业化而引起的"进步"改革成了美国现代政治体制的一个重要里程碑。这些改革透露出一种对未来、对社会进步的乐观主义态度，认为工业社会所遇到的问题是可以通过技术进步、政府改革而得到解决。但这个理念其实有其内部矛盾：一方面，通过法律对大企业的限制、对选举制度的改革，帮助把政治势力的天平向经济弱者倾斜；另一方面，对效率的强调、对科学技术的推崇反而又增加了大企业和专家在社会政治生活中的地位。然而，这两个方面——政府通过改革限制大企业影响力和对效率、科技、专业的推崇——可以说是非常准确地反映了美国现代化的张力。

美国技术革命和工业化的实现也带来了美国国际关系的变化。19世纪，由于经济实力增强，并受到当时盛行于西方的社会达尔文主义思潮的影响，美国一些政客和舆论制造者开始鼓吹所谓的美国"天定命运"，即美国注定要向西扩张，不仅要掠夺印第安人的土地，通过各种手段把加利福尼亚、得克萨斯和夏威夷并入美国，并且要西进到亚洲和世界其他地方，成为一个与西欧强国相抗衡的帝国。1898年爆发的美国与西班牙的战争为美国向海外进行帝国主义扩张提供了一个机会，战争的胜利让美国接管了西班牙在中美洲、太平洋和菲律宾的殖民地。美国的这种帝国主义扩张受到了菲律

宾民族主义者的顽强抵制，而且在国内也受到了像作家马克·吐温
（Mark Twain）和钢铁大王安德鲁·卡内基（Andrew Carnegie）
等反帝国主义者的反对。但美国工业扩张需要海外原材料和市
场，当时的美国海军次长、后来的美国总统老罗斯福（Theodore
Roosevelt）更是宣称，菲律宾将成为美国进入中国及其巨大市场的
一个垫脚石。而这场战争也促使美国军队急剧扩大以及一系列新技
术，包括电话技术，在军事上的应用（Maier et al.，2003）[668-673]。
也是在同一时期，美国政府与清政府达成协议，用中国向美国支付
的庚子赔款的一部分（实为美方索取过多之数），向美国派遣主要
学习理工的留学生。用罗斯福总统的话来说："我国应该以各种可
行的方式来帮助中国人民得到教育，以使得地大人多的中国能逐渐
地适应现代。"（Roosevelt，1907）

同样，1903年美国不惜支持巴拿马针对其宗主国哥伦比亚的叛
乱，以赢得独立之后的巴拿马给予美国的优越条件，来建造巴拿马大
运河，这个当时世界上最大的建筑工程。在建造过程中，美国工程师
和管理者不仅采用了最先进的建造技术，而且利用最新的医学知识消
除了建造区疾病的威胁。运河在1913年建成，刚开始受到第一次世界
大战的影响没有多少交通，但到了20世纪20年代以后就成为影响世界
贸易的一个交通要道（Maier et al.，2003）[675-678]。

工业革命也是美国卷入第一次世界大战的一个重要因素。当战
事于1914年在欧洲爆发时，美国拒绝参战，但到了1917年还是大
规模参与了。这一方面是因为德国对美国海上船队的攻击，另一方
面是因为美国受全球经济利益的驱使——作为一个新兴工业大国，
它不能够听任德国统治欧洲并操纵世界经济体制。而美国的参战确
实对英法联盟国的胜利起到了决定性的作用，并奠定了美国成为战

后世界强国的地位。在美国国内，第一次世界大战也产生了巨大的影响。因为战争的需要，政府依赖大企业生产军火和其他战争必需品，很多针对这些大企业的进步主义改革措施被搁置。北部和西部的军工企业需要大量工人，吸引了很多非裔美国人从南部到北部和西部的工厂工作，被称为美国历史上的一次大迁徙，这对美国的族裔关系和后来的民权运动都有深刻的影响。另外，大量的妇女也从原来的家庭主妇或原来的低收入工作者（佣人等）转而成为军工厂的工人，为美国战争取胜做出了巨大的贡献，从而促成了在战后通过的联邦宪法第19修正案中赋予女性投票权，为影响深远的20世纪20年代女性解放运动奠定了政治基础。

在美国历史上，20世纪20年代被称作美国现代时代的开始。这是因为19世纪末的技术革命、工业革命彻底改变了美国社会，由此带来的城市化、电气化、科学化、消费主义和女权运动发展到了20世纪20年代得到充分的体现，进而影响到文学、艺术和社会文化领域。在这个10年间，多数美国人开始住在城镇而不是乡村。汽车得到大力发展，收音机和电影得到普及，飞机开始商业运行，书籍和杂志的发行量增加，城市文化成为国家文化的主流。但受到第一次世界大战的影响，20世纪20年代的文化与战前相比有了一些鲜明的变化。尽管大多数美国人仍然信仰科学和技术，但第一次世界大战使得很多人改变了对人类会永远进步的乐观主义态度，增加了一些相对主义的哲学和道德味道。在艺术方面，现代派的绘画和音乐艺术、建筑风格等，颠覆了经典主义对秩序的遵循，增加了不规则、随机、冷漠、几何的因素。在文学方面，则涌现了一批批判现实、批判美国社会里占主导地位的消费主义和随大流思潮的作品。

与这种从激进的角度对工业化社会进行反思相反，在美国同时出现了从保守的角度对社会变化的反制。达尔文进化论的传播受到在美国仍然占主导地位的清教徒（尤其是原教旨主义者）的抵制，使得一些南方的州通过了禁止在中小学里教授进化论的法案，进而导致著名的1925年田纳西州的"猴子审判"：斯科普斯（John Thomas Scopes）是一名中学教师，他在美国公民自由联盟的支持下，故意违反该州通过的禁止教进化论的法令，从而使他的被审成为举世瞩目的案例。在法庭上著名律师达罗（Clarence Darrow）为斯科普斯和进化论辩护，前民主党总统候选人布赖恩（William Jennings Bryant）则为田纳西州法律和圣经辩护。尽管当时和后来的舆论大多认为在这场辩论中科学战胜了宗教，但事实上原教旨主义对进化论的反对并没有因此而消失，而是以各种形式在后来重新出现。另外，种族主义"3K党"也从南方蔓延到北方和西部，他们憎恨的对象从非裔美国人扩展到天主教徒和犹太人。作为城市化标志的女性解放运动和新型的两性关系也成为社会保守派的攻击对象。

到了20世纪20年代，由蒸汽机、铁路、电气化（电报、电话、电灯等）、汽车、航空、收音机、电影等技术革命所推动的美国工业革命对美国社会、政治和文化，对国内、国际政策，对激进派和保守派都产生了剧烈的影响，奠定了美国现代化的基础。在推进现代化的过程中，科学与技术的发展产生了巨大的影响，但同时也要看到社会大众在对待科技与工业发展上并不总是扮演着被动的角色：通过民粹主义、进步主义改革，美国社会在享受技术革命、工业革命所带来的一系列成果的同时，也试图通过政治改革来应对它们所带来的一系列社会弊端。这个科技革命的两面性将继续对20世纪20年代以后的近现代美国社会产生深远的影响。

第二章
美国科学的崛起、第二次科学革命与大科学的诞生

第一节　美国科学的崛起

1933年，当爱因斯坦遭到德国纳粹迫害而决定移民到美国担任普林斯顿高等研究院研究员时，他的好朋友、法国物理学家朗之万对此发表评论说："这事件的重要性就像梵蒂冈要从罗马迁移到新世界去了一样。物理的教皇已经搬家，美国将成为自然科学的中心"（Jungk，1958）[46]。这个事件使得很多人把美国科学的崛起定位在20世纪30年代初，而且在很大程度上把它归功于像爱因斯坦这样的欧洲流亡科学家的到来。

相对于美国工业及技术在19世纪末、20世纪初迅速发展成全球领先，美国科学在20世纪初仍然落后于欧洲。有一个例子可以说明：美国物理学家拉比（I.I.Rabi）在20世纪20年代后期到德国做博士后时，发现当地大学的图书馆没有按期订阅美国物理学会主办的《物理

评论》，而只是在年底订购全年装订在一起的版本，据说这样可以省钱，显然也显示出对其不够重视（Rigden，1987）[4]。但在此后短短的10年内，美国科学，尤其是物理学，不仅能够与欧洲物理学并驾齐驱，而且很快领先。那么到底是哪些因素使得美国成功地从一个科学上的发展中国家成为一个超级科学大国？

这个问题不仅吸引了科学史学家的关注，也引起了其他国家，尤其是发展中国家的科学家和科学政策制定者的兴趣。他们当然希望知道美国科学后来居上、迅速崛起的秘诀，也希望能够在本国采取类似的办法把科学搞上去。有不少人认为，美国物理学的崛起归功于20世纪二三十年代美国物理学家留学欧洲学成归国和欧洲犹太裔科学家流亡美国（钱三强，1994）（杨庆余，2009）。

这种对一个后发国家科学崛起的理解，也反映在中国20世纪末、21世纪初的人才政策上，即以最大的力度来吸引留学海外的科学家归国振兴中国的科技。

然而，美国科学在20世纪初的崛起并不仅仅归功于留学生的回归和欧洲流亡科学家的到来。这些来自欧洲的影响当然对美国科技的发展起到了重大的推动作用，但他们之所以能够在美国发挥作用和这一时期美国在科技机构上的大力投资、改革和创新有密切的关系。当这些流亡科学家在20世纪30年代到达美国的时候，美国科学已经经历了一个飞跃式的发展，他们对美国科学的发展起到了锦上添花而不是雪中送炭的作用（Weiner，1969）。

第二节　机构建设和第二次科学革命

19世纪末，美国受德国的影响建立了两所研究型大学即约翰-霍普金斯大学和芝加哥大学，对推动美国科学的发展起到了很大的作用。这两所大学不仅要求教授们既要教学也要做研究，还引进了德国的讨论班制度，用来培养研究生并激发教授们的研究。而位于美国西部的加州理工学院和加州大学更是异军突起，在企业和慈善基金会的支持下，以交叉学科为突破点，抓住第二次科学革命，成为美国在20世纪二三十年代赶超世界科学先进水平的生力军（Agar，2012）[230—231]。

新兴产业中，电器和化工公司也建立起一批以基础科学研究促进高阶技术发展的工业实验室，例如通用电器实验室、杜邦实验室、贝尔实验室等，对产、学、研都起到了推动作用，并且推动了它们之间的整合。同样重要的是在这段时期，美国新近崛起的企业家和慈善家增加向大学等研究机构的捐赠，并设立以科学、教育为导向的基金会（如洛克菲勒基金会），同时通过资助大学科研和资助向欧洲选派的留学生及博士后，大大促进了美国高等教育和科学的发展（赵佳苓，1984）。通过与工业和慈善机构的联系，美国科学早在第二次世界大战之前就已经走入大科学时代。

除了在机构建设上大力投入，美国科学在20世纪初的发展正好赶上了当时蓬勃兴起的以物理学革命领头的第二次科学革命，尤其是量子力学革命，这为它赶超世界先进水平提供了一个良好的时机（Coben，1972）。当美国物理学家拉比、奥本海默（J.Robert

Oppenheimer）、康敦（Edward Condon）、尤里（Harold Urey）在欧洲各大学攻读博士学位或进行博士后研究的时候，量子力学刚刚在那里诞生，所以他们与欧洲的物理学家们一起，不仅迅速掌握了这个新的革命性理论，而且很快就用它来研究众多相关领域中的问题并取得令人瞩目的成就。例如，拉比用量子力学理论解释了核磁动量的实验，并且在德国物理学家斯特恩（Otto Stern）的实验室里设计、进行了一个巧妙的关于核磁共振的新实验。奥本海默把量子力学应用到天体物理学，并揭示出黑洞的存在。

　　拉比和奥本海默在20世纪20年代末回到美国以后，马上成为美国东西海岸两个年轻的物理学领军人物，而且分别成为美国实验和理论物理学的代表人物，为美国物理学的发展创建了两个影响深远的学派。他们的众多学生后来成为第二次世界大战中曼哈顿原子弹工程和雷达工程的骨干，其中也出现了不少战后美国物理学的领军人物。

图2-1　劳伦斯、西博格（Glenn Seaborg）、奥本海默（1946年）

美国劳伦斯国家实验室照片，摄影师未详。来自维基共享网站，https://commons.wikimedia.org/wiki/File:HD.4G.011_%2810405626024%29.jpg，公用领域作品，2016年1月下载。

另一位年轻的美国物理学家劳伦斯（Ernest Lawrence）的经历则证明了美国物理学到了20世纪30年代已经可以不用依靠到欧洲留学也能做出世界级的突出成就。美国本土培养出来的劳伦斯，在20世纪30年代成功研制出的回旋加速器成为此后研究核物理学和粒子物理学的利器，也为美国物理学和劳伦斯争得世界荣誉。劳伦斯于1939年被授予诺贝尔物理学奖。很快，回旋加速器成为衡量一个国家、一个物理学研究机构仪器水平的重要标志，而劳伦斯和他在加州大学伯克利分校的同事们也成为在世界上推广加速器的大使，不遗余力地向世界各地的研究机构和研究者们介绍并帮助建造回旋加速器。在此过程中也显著提高了美国物理学的国际声誉，并吸引了大量的物理学家从世界各地到美国来学习物理学。

劳伦斯和奥本海默的经历对比也说明了美国当时人才政策的成功之处。20世纪30年代两人同时在伯克利物理系任教（奥本海默还在加州理工学院兼职），而伯克利并没有因为劳伦斯没有欧洲留学背景（本科上的还是一个不知名的南达科他大学）而对他有所歧视，反而大力支持两人的物理学研究。当然，美国当时（以及后来）的人才政策并不是由联邦政府主管，而是由大学自主决定。无论是公办的州立大学（如加州大学）还是私立的大学（如加州理工学院）都有很大的自主权，而且都大量使用私人捐款和基金来资助大学的教授进行科学研究。

与美国物理学的崛起相似和相关的是美国化学的异军突起，而在这方面最突出的代表人物是鲍林（Linus Pauling）。与美国物理学和奥本海默的关系类似，美国化学和鲍林的经历说明了美国20世纪初科研机构建设、跨国和交叉学科交流及抓住新兴学科所带来的机会的重要性。鲍林在加州理工学院学习化学，其博士学位论文是关于用X

图2-2　鲍林（1954年）

美国国会图书馆照片，摄影师未详。来自维基共享网站，https://commons.wikimedia.org/wiki/File:Pauling.jpg，公用领域作品，2016年1月下载。

射线来检测晶体结构。毕业后鲍林就得到古根海姆（Guggenheim）基金会的资助于1926年到欧洲访学。尽管鲍林主要是一位化学家，但他在欧洲访学的目标主要是当时的新物理学，尤其是新量子力学产生的重地和物理学家：位于慕尼黑的索莫菲尔德（Arnold Summerfeld），位于哥本哈根的玻尔（Niels Bohr）和位于苏黎世的薛定谔（Erwin Schroedinger）等。在这些地方，鲍林不仅学习了量子力学，而且从他自己的化学背景出发一下子就认准了量子力学对化学的基础作用。在苏黎世，他看到了物理学家海特勒（Walter Heitler）和伦敦（Fritz London）如何用量子力学来分析氢分子中的化学键，马上决定把这作为自己的研究领域，并在1927年回到加州理工学院任教之后开始一系列研究。1939年，鲍林出版了在量子化学领域的奠基之作——《化学键的本质》，并获得1954年诺贝尔化学奖（Hager，1995）。

美国科学在20世纪初的崛起不仅限于物理学和化学，其实美国第一个领先世界的学科是天文学，而这主要归功于美国企业家、慈善家所设立的基金会的资助，以及美国天文学家及时抓住了天文学中新兴学科——天体物理学。这个研究的核心人物是海尔（George E.

Hale），19世纪末，他在芝加哥大学任教时说服当地的一个街车和铁路大亨亚克斯（Charles T. Yerkes）资助修建了一座天文台。亚克斯天文台的新颖之处在于，它的天文仪器不是为了用肉眼观察天体，而是为了用照相机和光谱仪记录天体现象，从而为天体物理学提供资料。例如，亚克斯天文台的折射望远镜有40英寸的焦距，是当时世界最大的。海尔还发明了其他天体物理学仪器，并在1895年创办《天体物理学杂志》。后来海尔转到了加州理工学院，并说服慈善家们——尤其是钢铁大王卡内基——资助修建了附近几座天文台并配备了望远镜。其中最有名的当属建在洛杉矶北面的威尔逊峰天文台，其100英寸反射望远镜在1917年建成，为当时世界最大，其国际轰动效应不逊于20世纪后半期各国在空间计划和高能物理方面的竞争。而按照科学史学家基昂·阿伽（Jon Agar）的研究，"100英寸的威尔逊峰望远镜安装完成之后，20世纪所有重大天文学争论都主要是在美国仪器所观测的数据基础上得到解决的"，包括爱德温·哈勃（Edwin Hubble）在20世纪20年代利用威尔逊望远镜获得支持爱因斯坦广义相对论和大爆炸宇宙学的观察数据（Agar，2012）。

　　同样，美国生物学的发展也在物理学之前，主要得益于国内的科研教育机构建设的大发展，并利用了学科本身的革命性进展，从而一跃进入世界领先地位。19世纪末、20世纪初的医学院以强调研究为导向的改革大力促进了生物学科的发展，而洛克菲勒基金会等慈善机构专门设立了针对生物学、医学的大学资助计划和奖学金，包括选派留学生到欧洲留学，都对美国生物学的发展起到了推动作用。为什么这些慈善家们对生物学、医学和天文学情有独钟？历史学家阿伽认为这是因为这些学科的发展受到公众的极大关注，所以资助这些学科可以有效提升他们的社会声望（Agar，2012）[164]。

　　同时，遗传学作为一个新兴学科的蓬勃发展也为美国生物学赶超世界先进水平提供了一个有利条件。当然，与物理学一样，美国生物学的发展也得益于与国际科学界的交往。例如美国生物学家、近代遗传学的主要奠基人之一摩尔根（Thomas Morgan），在1894—1895年到意大利拿波里（Naples）的动物学实验室访问研究，并与德国生物学家德里士（Hans Driesch）交流，受其影响把生物学研究方向从描述性的形态学转向注重解释的以物理、化学为基础的实验胚胎学。摩尔根回美以后，在重新发现的门德尔遗传学理论基础上，以果蝇为重要研究工具，研究染色体在遗传中的作用，从而奠定了现代遗传学的基础。从机构建设来讲，摩尔根先是在哥伦比亚大学后在加州理工学院建立起两个遗传学的重要中心，极大地推动了美国生物学的发展。摩尔根在1933年获得诺贝尔生理学或医学奖，而他在加州理工学院所创立的生物学部后来成就了另外7个诺贝尔奖获得者（Allen，1978）。

而鲍林在开拓量子化学的同时，受到洛克菲勒基金会科学主管韦弗（Warren Weaver）的影响并在该基金会资助下，继续他的交叉科学方向研究，逐渐把研究重点转向生物大分子，用他本来就熟悉的X射线衍射法来研究生物分子结构，取得极大进展。在这个过程中，鲍林得益于他1930年到德国访问法本公司的科学家马克（Herman Mark）时所了解到的一些新兴X射线衍射应用到大分子结构上的技术（Agar，2012）[246-248]。这里还值得一提的是，到了20世纪40年代末，中国留学生唐有祺成为鲍林的研究生，为他拍摄X射线衍射图，但中华人民共和国成立之后，尤其是朝鲜战争爆发以后，唐有祺归国心切，在1950年拿到博士学位之后于1951年回国，这可能对鲍林的研究计划有一定影响。[①]最终是位于英国剑桥大学卡文迪什实验室的来自美国的博士后沃森（James Watson）和英国人博士研究生克里克（Francis Crick）在伦敦国王学院富兰克林（Rosalind Franklin）衍射图的基础上，于1953年

---

① 王作跃访谈唐有祺，2000年11月9日，美国加州克莱蒙市（Claremont）。

成功破译生物遗传基因DNA的双螺旋分子结构。但鲍林的研究对分子生物学发展、对DNA结构的破译仍然有贡献，他的另一位学生唐纳修（Jerry Donahue）1953年正好在卡文迪什实验室做博士后。因此，唐纳修在沃森和克里克工作的最后关键时刻指点迷津，帮助他们成功破译了DNA分子结构（Watson，1968）（Kay，1993）。[1]

美国科学，尤其是理论科学在20世纪初的崛起还得益于美国加强了数学教育。科学史学家塞尔沃斯（John Servos）的研究表明，美国在19世纪末期虽然在纯数学的研究上有极大的进步，但数学教育从中学到大学却都在走下坡路，尤其是与物理和化学等相关的应用数学受到忽视，导致美国科学家大都转向实验科学而远离理论。美国理化方面的留学生一到欧洲就感到数学知识储备不足，学习和研究都十分吃力。到了20世纪初，美国科学家普遍认识到新科学革命中数学理论的重要性，再加上美国数学教师联合会的大力推动，美国从中学到大学都加强了数学教学，尤其是应用数学的教学，从而培养出新一代年轻的科学家。比如奥本海默和鲍林都在数学上得到比较好的训练，从而能够在20世纪20年代到欧洲留学时学到最新的量子力学并回国以后在20世纪30年代建立起自己的理论学派（Servos，1986）。

第三节　案例研究：曼哈顿工程

1945年8月6日，美国在日本广岛投下了第一颗原子弹，震惊了

---

[1] 另见《莱纳斯·鲍林和DNA竞赛》，website at http://scarc.library.oregonstate.edu/coll/pauling/dna/index.html，2015年4月阅读。

日本和全世界，这预示着日本可能会很快投降，第二次世界大战终于要结束了。当天晚上，在英国一个叫"农堂"的乡下小镇，作为英国"客人"的几十个被俘的德国科学家正准备用晚餐。英军监管者利特纳少校先把广岛的消息私下里透漏给了在1938年第一个做出核裂变实验的德国核化学家哈恩（Otto Hahn）。哈恩听到以后，一下子"目瞪口呆"，并开始自责，认为自己的发现导致了原子弹的研制，所以自己应该为成千上万人的死亡负责。利特纳少校不得不劝慰他并让他喝了不少酒才使他平静下来。之后当哈恩到餐厅宣布这一消息时，大家像他一样感到震惊。根据英军的秘密录音，在用餐时哈恩对海森堡和其他德国核科学家说了这么一句话："如果美国人真的造出了铀弹，你们这些人都成了二流（科学家）了。"（Bernstein，2001）[115-116]

　　就这样，对哈恩和几乎所有人来说，原子弹一夜之间成了美国科技超越德国和其他欧洲国家领先世界的标志。而且针对我们这本书的主题而言，原子弹也成了美国成功利用20世纪初的科技革命而实现国防和科技现代化并一跃成为世界超级强国的象征。这种认识有一定的道理，但并不完全，而且不加说明的话还会引起不少的误解。众所周知，1938年底哈恩和化学家斯塔拉斯曼（Fritz Strassmann）在由奥地利籍犹太裔核物理学家迈特纳（Lise Meitner）开启的实验基础上发现了铀核分裂的证据，然后由流亡于瑞典的迈特纳与物理学家弗里施（Otto Robert Frisch）从理论上应用爱因斯坦的$E=mc^2$公式解释了分裂的机制并命名为核裂变，从而奠定了原子弹制造的实验基础。按至今仍然广泛流传的说法，在原子弹制造过程中最关键的一步是1939年爱因斯坦致信小罗斯福（Franklin D. Roosevelt）总统使曼哈顿工程启动。其实这个说法不准确：第一，爱因斯坦给罗斯福写信其实是另一位流亡科学家——匈牙利犹太裔物理学家希拉德（Leo Szilars）的主意，并由后者撰写和负责传递；第二，爱因斯坦的信其实对美国的政策变化影响有限，只是促使一个政府委员会的建立和拨来少量经费用于核裂变研究。对制造原子弹起到决定性作用的是1941年底英国政府递交给美国政府的一个秘密报告，即莫德委员会报告。该报告根据两个流亡到英国的犹太裔核物理学家派尔斯（Rudolph Peierls）和弗里施对原子弹临界质量的研究，得出原子弹只需要比原来估计的少得多的铀235的结论，从而使得其制造的可行性大大提高，所以盟国必须在德国之前造出原子弹。这个报告再加上不久后日本空袭美国珍珠港导致美国加入第二次世界大战，原子弹工程正式加速上马。

值得指出的是，关于爱因斯坦致信罗斯福及其与原子弹研究的联系，以及原子弹本身的象征性意义，在无形中强化了人们对美国科技之所以领先世界主要是因为欧洲流亡科学家的认识。而实际上，如前所述，美国科技在20世纪20年代后期和30年代已经通过自身建设和留学欧洲得到迅速发展。另外，上述联系还导致不少人认为爱因斯坦对原子弹的研制做出了重大贡献，其实爱因斯坦本人因为其自由派政治立场并不受美国军工和安全部门的信任，没有参与原子弹的研制，在整个第二次世界大战中只是为海军做过一些不太重要的计算。

曼哈顿工程一般被认为是美国现代科学最显著的成就，它的整个研制工作是在直属总统的科学研究与发展署（Office of Scientific Research and Development，简称OSRD）的统筹下进行，而科学研究与发展署主任布什（Vannevar Bush）直接向总统报告并成为总统事实上的科学顾问。曼哈顿工程的直接指挥是格罗夫斯（Leslie Groves）将军，但最核心的洛斯阿拉莫斯原子弹总装实验室是由理论物理学家奥本海默担任主任。而且其他各个重要项目的主要负责人都是美国物理学家，例如，在芝加哥负责钚研究的是康普顿（Arthur

Compton），而负责铀235分离的是伯克利的劳伦斯。还有遍布全国的大学实验室、科学家以不同方式参与了原子弹的研制。所以在1945年8月6日，美国总统杜鲁门发表美国在日本广岛投下原子弹的声明时，里面特意提到原子弹的研制是"一场实验室之间的战争"，并把原子弹研制的成功归功于"科学头脑"，认为其是"有史以来组织起来的最伟大的科学成就"（Truman，1945）。

美国陆军部长斯蒂姆逊（Henry Stimson）同时发表的声明也突出表彰了科学家，尤其是奥本海默：

> 这些具体的成就背后所体现的是美国科学的重大贡献。就我国科学家所做出的不懈努力、辉煌成就和对国家利益彻底的奉献，无论给予多么高的奖辞都不过分。在世界上任何其他地方，科学都没有在战时做出这么大的贡献。（洛斯阿拉莫斯）实验室是由奥本海默博士规划、组织和指导的，整个原子弹的研发可以说主要是得益于他的才能以及他所给予他的同事们的感召和领导。（Stimson，1945）

就这样，美国科学家在原子弹投放这个极具戏剧性的事件中得到了强烈曝光，并且在公众、政府、军方等几乎所有人的心中产生了深刻的印象，即原子弹的成功归功于美国科学。然而，这个共识有几个不全面的地方。首先，在原子弹的研制过程中几乎没有产生任何新的科学发现。科学家在工程中确实起到了重要作用，而且在研制过程中确实应用到了核裂变等一些最新的核物理研究进展，但工程师、工业家、军人、军械师同样必不可少（Hoddeson et al.，2004）（Groueff，1967）。即使是在曼哈顿工程的心脏，组装原子弹的洛斯阿拉莫斯实验室，最艰巨、耗费科技人力最多的是内爆机制的完善，其中所应用的科学主要是经典力学。所以，与其说原子弹是美国现代科学的成就，不如说是科学、技术、工程、军事和工业管理协调成功的典范。

而且，尽管科学家确实在原子弹的研制过程中起到了主导作用，但很大程度上他们所从事的是工程技术而不是传统意义上的科学研究。也就是说，科学家们之所以在原子弹工程中扮演了重要角色，一部分原因是他们成功地把自己转型为工程师。举世闻名的理论物理学家费曼（Richard Feynman）战时在洛斯阿拉莫斯实验室里担任一个研制小组组长，他后来回忆起那段时间的工作时坦承："战争时期所有的科学都停止了，只是在洛斯阿拉莫斯还在干一点点。而那也算不上是科学，主要是工程。"更老资格的物理学家拉比当时是麻省理工雷达实验室副主任，但以奥本海默顾问的身份参与了原子弹研制，他也同意费曼的说法。拉比认为美国是跟英国学的："他们把核物理学家转变成了无线电工程师，并取得了巨大的成功，我们就效仿了他们。"（王作跃，2011）[21]

拉比的话还提醒我们注意在第二次世界大战中，美国军事科研包括原子弹研制过程中大量的跨国科技流动因素。前面提到，在原子弹的早期发展中，英国莫德委员会报告抵美是一个转折点。在雷达和抗生素研制方面同样是英国技术转移对美国的发展起到了巨大的推动作用，而这两项技术对赢得第二次世界大战的贡献并不亚于原子弹（Agar，2012）。

尽管爱因斯坦没有参与原子弹的研制，但很多欧洲流亡的科学家，包括费密（Enrico Fermi）、贝特（Hans Bethe）、希拉德等在其中起到了重要作用。在形式上，原子弹是美、英、加拿大三国联合研制的。英国的科学家，包括从德国流亡到英国的科学家如派尔斯和弗里施，从丹麦逃到英国的物理学家玻尔，以及法国抵抗政府领导下的科学家，还有加拿大的科学家都抵达北美直接或间接地参与了原子弹的研制并做出贡献。中国留美的杰出女实验核物理学家吴健雄也参与了曼哈顿工程。1944年，她被哥伦比亚大学聘用，为该工程研制辐射探测器，而且她早先关于氙气放射性的研究也在钚的研究上发挥了作用（江才健，1997）（Wang，2007）。而另一位留美华人科学家钱学森则对美国在第二次世界大战中航空、火箭技术的发展做出了贡献（Chang，1996）。

　　与此相关的一个历史争论是：为什么以美国为首的盟国在二战中成功造出了原子弹而纳粹德国却没有？这是一个极其复杂的问题，引起许多历史学家、科学家和公众的兴趣，并引出了各种各样的答案。其中最著名的争论是德国物理学家海森堡是否有意延误以致破坏了他所领导的纳粹德国的原子弹计划，而这个问题因2000年英国剧作家弗雷恩（Michael Frayn）所创作的话剧《哥本哈根》而更加引人注目。在这里无意详述整个争论，只是简单地说明，以鲍威尔（Thomas Power）为代表的学者认为海森堡确实有意阻碍德国的原子弹计划，而大多数历史学家和科学家认为，德国科学家们是因为在临界质量计算上的错误而无法——不是不想——造出原子弹（Powers，1993）（Ball，2014）（Dörries，2005）。

　　与本书更加贴近的问题是上述问题的前半部分，即为什么以美国为首的盟国原子弹计划成功了？有学者指出，从政治上讲，可以说民主与专制的优劣性体现了出来：正是因为美国相对民主与自由的政治环境，所以在专制的纳粹德国迫害犹太裔科学家时，他们选择到美国流亡，并在曼哈顿工程中发挥了重要作用。从文化上讲，德国比较严格的等级观念与相对自由的美国管理体系也有影响：在德国，最早做出铀235临界计算但却是错误的是地位显赫的诺贝尔奖获得者波特（Walther Bothe），所以比他地位低的科学家无人想到或敢于挑战他的结论；而在洛斯阿拉莫斯，在拉比等物理学家的坚持下，奥本海默争取到了实验室的非军事化，从而在实验室里的科学家之间营造出一种自由探讨的氛围，为研制原子弹创造了有利条件。

从科研风格上来讲，很多犹太裔流亡科学家为理论学家，他们的到来增强了美国物理学理论与实践的平衡，从而对曼哈顿工程的成功有重要影响。在前面提到，到了20世纪20年代末，美国的理论物理也开始借助量子力学而迅速发展起来，但仍然没有欧洲强，也没有美国实验物理强。所以，大批流亡的理论物理学家在20世纪30年代中后期的到来不仅直接增强了美国理论物理的实力，而且对年轻一代的美国物理学家的培养产生了重大影响，使得他们能够理论与实践并重。再加上20世纪30年代美国的大萧条经济危机，物理学就业几乎全部局限在大学，竞争极其激烈，以至于只有最有才华及理论与实验并重的年轻物理学家才能坚持下来（Schweber，1992）[172-173]。这在洛斯阿拉莫斯实验室的理论部人员组成上有所反映：部主任为德国犹太裔流亡物理学家贝特，但他的一名得力干将是二十多岁的杰出物理学家费曼。

从二战末期美国对德国科学家和科技成果的态度也说明跨国科技流动对美国科技发展的重要性。美国和盟国在战争结束时尽管没有将所俘虏的德国核物理学家以强迫的方式带到美国，但是通过各种方式转移了大量的德国航空航天科学家、工程师到美国。这说明两次大战之间，尽管美国有不少学科，比如核物理等，达到了世界先进水平，但在某些领域仍然落后于欧洲，比如航空航天在战前就落后于德国，而在二战期间又因为纳粹德国致力于导弹的研究而拉大了在这方面的差距。欧战后期和战后美国军方实施了一系列措施，包括有名的"回形针行动"，开始大规模向美国进行技术转移，这不仅包括大批的德国科技人员，尤其像冯布朗（Wernher von Braun）那样的航空航天专家，也包括成船的技术和专利资料（Jacobsen，2014）。更加引起争议的是，美国还从日本参与化学和生物武器实验的科技人员手中获得数据和资料（Harris，2002）。

　　除了科技、工业与军事组织紧密结合，以及跨国科技流动等有利因素之外，曼哈顿工程还得益于小罗斯福总统强调政府干预经济、介入经济开发、注重规划与计划的新政所带来的一系列变化。如美国技术史学家休斯所言，曼哈顿工程不仅可以看作是一个美国科学成功的案例，更可以说是美国技术系统演化的结果，而在这个技术系统里政府扮演了一个积极和主要的角色：

　　　　尽管经常有人说曼哈顿工程是史无前例的，但在很多方面，如在发明和开发原子弹的过程中，科学家、工程师和管理者所发展出的关系，是与他们在通用电气、美国电话电报和杜邦这些创新型公司里所发展出的关系相类似。在发明和开发阶段过后，曼哈顿工程就变成了一个中心控制和协调的生产系统。主要的区别是军方扮演了系统缔造者的角色，政府为工程提供资助。

　　曼哈顿工程不仅得益于新政所加强的政府主导技术系统的建造，而且还得益于新政在这方面的一个主要成就：以水力发电为核心的一个区域综合治理系统——田纳西河谷管理局（Tennessee Valley

Authority，简称TVA）。田纳西河谷管理局为曼哈顿工程及其战后的继任者——原子能委员会，提供了政府建造、管理大技术系统的经验，还提供了在田纳西州橡树岭的铀分离工厂所需要的巨大电力供应（Hughes，2004）。

　　既然曼哈顿工程是一个以科技工业结合为基础、军方和政府为组织者、得益于跨国科技流动的技术系统，为什么在公众的印象里它几乎只是美国科学和科学家的功劳呢？这有几个方面的原因。一方面是核物理学和核物理学家确实在原子弹的研制过程中，至少在核工程技术方面，起到了重要作用，而此前尽管科学与科学家也对电气化等新兴技术有贡献，但从来没有像对原子弹这样起到中心作用，而且也没有原子弹的故事这样具有戏剧性。那么为什么技术和工程师没有分享到更多的荣誉呢？按照科学史学家福曼（Paul Forman）的研究，一部分原因是，长期以来，至少从19世纪到1980年左右，从美国和西方文化上来讲，科学一直被赋予比技术更高、更优越的地位，所以当人们看到科学与技术的共同成就，甚至主要是技术的成就时，习惯用语是科学而不是技术，所以对原子弹的研究更愿意把功劳归于科学。而1980年后，福曼认为科学与技术的地位在公众心目中的地位发生了逆转，技术比科学更高、更优先。这个现象被他认为是现代与后现代的分界点（Forman，2007）[37]（姚大志，2012）[296-302]。把这项成就归功于美国，一方面是因为美国在这个工程中确实占了主导地位，另一方面是因为在战争时期更容易激发民族主义情绪，而美国政府和美国民众在这一点上也不例外。英国学者法米罗（Graham Farmelo）的研究认为，在曼哈顿工程上罗斯福本来是要让英国与美国处于更加平等的地位，但因为丘吉尔的迟疑而使得英国丧失了这个机会（Farmelo，2013）。

总而言之，美国在19世纪末工业化革命之后，科学和教育的机构建设得到重视，得到这个时期所涌现出来的、极具财力的慈善基金会的支持、资助和方向性引导，为美国的科学发展走向成熟奠定了良好的基础。国内已经可以培养出优秀人才，再加上20世纪初这些基金会所资助的赴欧留学回国人才都有很大的成就，以至于到了20世纪20年代后期和30年代初期，美国在不少领域已经开始领先世界，比如天文学、遗传学、核物理、量子化学等。到了20世纪30年代中期，大规模的犹太裔科学家从纳粹德国逃难到美国来，获得优良的环境继续他们的科学研究，并在多方面与美国本土的科学传统、科技人才形成互补效应。如果说两次世界大战之间美国的基础建设、人才培养，再加上欧洲流亡科学家，使得美国成为世界上的科学强国之一，那么，随后而来的第二次世界大战和早期冷战使得美国成为世界上的超级科学强国。也就是说，曼哈顿工程不仅是美国科学的成就，而且促生了以科技、工业、军事组织结合为特征，以国际科技交流为基础的大科学革命，深刻地影响了第二次世界大战后和冷战时期美国国内和国际的科技及国家的现代化进程，导致国际科学美国化和美国科学国际化。

第三章

美国大科学革命：二战末与冷战初期世界科技变局

第一节 美国大科学革命以及战后世界
科学格局变革

　　如果说20世纪20年代问世的量子力学帮助美国科学建立了一个平等的新起跑线，那么在二战后蓬勃兴起的大科学革命则使得美国科学领先世界的速度加快，领先幅度更加扩大，以至于我们可以把这个大科学革命称为美国的科学革命。二战前美国科学教育经费主要来自基金会和州政府，战后则主要是来自联邦政府，尤其是美国的军方。在欧洲、日本、苏联仍然在试图恢复战争创伤的时候，美国的这些充足的科研经费使得美国科学家可以进行花费巨大的科技研究、从别国引进杰出人才、向别国输出科研方法和仪器设备并影响全世界科学研究的方向和价值观，从而打造出一个美国主导的大科学革命并使得美国在继续现代化进程的同时也成为其他国家在科技和其他方面实现现代化的参考目标（Forman，1987）（Kevles，1990）（Leslie，1993）（王作跃，2011）。

尽管诺贝尔科学奖数目并不是衡量一个国家科学水平的唯一标准，甚至不是最好的标准，而且其评判的办法、过程还会受到民族主义、政治和其他非科学因素的影响，但大多数人认为它至少是衡量一个国家科学水平的标准之一。因此，我们不妨参考一下各国历年获得诺贝尔科学奖（物理、化学、生理学或医学）的数目（表3-1），了解美国科学在战后的飞跃成长及其世界领先的地位：

表3-1 各国历年获得的诺贝尔科学奖数目及占总数的百分比（按国别和时期，1901—2002年）

时期\国	1901—1914	1915—1924	1925—1934	1935—1944	1901—1944	1945—1954	1955—1964	1965—1974	1975—1984	1985—1994	1995—2002	1945—2002	1901—2002
美国	2 (4.2%)	1 (4.3%)	7 (20.0%)	8 (27.4%)	18 (13.3%)	20 (41.7%)	25 (44.6%)	30 (50.0%)	39 (60.0%)	37 (61.7%)	37 (59.7%)	188 (53.6%)	206 (42.4%)
英国	5 (10.4%)	6 (26.1%)	7 (20.0%)	3 (10.3%)	21 (15.6%)	12 (25.0%)	11 (19.6%)	11 (18.3%)	7 (10.8)	2 (3.3%)	(11.3)	50 (14.2%)	71 (14.6%)
德国	14 (29.2%)	7 (30.4)	10 (28.6%)	5 (17.2%)	36 (26.7%)	4 (8.3%)	5 (8.9%)	3 (5.0%)	2 (3.1%)	10 (16.7)	4 (6.5%)	28 (8.0%)	64 (13.2%)
法国	11 (23.0%)		2 (5.7%)	3 (10.3%)	16 (11.9%)			5 (8.3%)	1 (1.5%)	3 (5.0%)	1 (1.6%)	10 (2.9%)	26 (5.3%)
瑞典	3 (6.3%)	1 (4.3%)	2 (5.7%)		6 (4.4%)	1 (2.1%)	1 (1.8%)	3 (5.0%)	4 (6.2%)		1 (1.6%)	10 (2.9%)	16 (3.3%)
瑞士	2 (4.2%)	1 (4.3%)		2 (6.9%)	5 (3.7%)	3 (6.3%)			2 (3.1%)	3 (5.0%)	2 (3.2%)	10 (2.9%)	15 (3.1%)
荷兰	5 (10.4%)		2 (5.7%)	1 (3.4%)	9 (6.7%)	1 (2.1%)			1 (1.5%)		3 (4.8)	5 (1.4%)	14 (2.9%)
苏联/俄国	2 (4.2%)				2 (1.5%)		7 (12.5%)		1 (1.5%)		1 (1.6%)	9 (2.6%)	11 (2.3%)
丹麦	1 (2.1%)	2 (8.7%)	1 (2.9%)	1 (3.4%)	5 (3.7%)			3 (5.0%)			1 (1.6%)	4 (1.1%)	9 (1.8%)
日本					0	1 (2.1%)		2 (3.3%)	1 (1.5%)	1 (1.7%)	4 (6.5%)	9 (2.6%)	9 (1.8%)
奥地利		1 (4.3%)	3 (8.6%)	2 (6.9%)	6 (4.4%)	1 (2.1%)		1 (1.7%)				2 (0.6%)	8 (1.6%)
加拿大		2 (8.7%)		1 (3.4%)	2 (1.5%)	1 (2.1%)		1 (1.7%)	1 (1.5%)	4 (6.7%)		5 (1.4%)	7 (1.4%)
意大利	2 (4.2%)			1 (3.4%)	3 (2.2%)		2 (3.6%)		1 (1.5%)			3 (0.9%)	6 (1.2%)

（续表）

时期\国	1901—1914	1915—1924	1925—1934	1935—1944	1901—1944	1945—1954	1955—1964	1965—1974	1975—1984	1985—1994	1995—2002	1945—2002	1901—2002
比利时		1 (4.3%)		1 (3.4%)	2 (1.5%)			2 (3.3%)	1 (1.5%)			3 (0.9%)	5 (1.0%)
阿根廷					0	1 (2.1%)		1 (1.7%)	1 (1.5%)			3 (0.9%)	3 (0.6%)
匈牙利	1 (2.1%)			2 (6.9%)	3 (2.2%)							0	3 (0.6%)
澳大利亚					0		2 (3.6%)				1 (1.6%)	3 (0.9%)	3 (0.6%)
中国					0		2 (3.6%)					2 (0.6%)	2 (0.4%)
捷克斯洛伐克					0		1 (1.8%)					1 (0.3%)	1 (0.2%)
芬兰					0	1 (2.1%)						1 (0.3%)	1 (0.2%)
印度			1 (2.9%)		1 (0.7%)							0	1 (0.2%)
爱尔兰					0	1 (2.1%)						1 (0.3%)	1 (0.2%)
挪威					0			1 (1.7%)				1 (0.3%)	1 (0.2%)
巴基斯坦					0				1 (1.7%)			1 (0.3%)	1 (0.2%)
葡萄牙					0	1 (2.1%)						1 (0.3%)	1 (0.2%)
南非					0	1 (2.1%)						1 (0.3%)	1 (0.2%)

1901—1984年间的数据来自 Congressional Research Service，Library of Congress，*The Nobel-Prize Awards in Science as a Measure of National Strength in Science*，Science Policy Study Background Report No.3，Task Force on Science Policy，Committee on Science and Technology，U. S. House of Representative，99th Congress，2nd Session（Washington，DC：U. S. Government Printing Office，1986）[12-13]，（1901—1914年的总数有修改）。1985—2002年间的数据来自诺贝尔奖基金会网站 www.nobel.se。请注意在1985—2002年间有几个获奖者在得奖时拥有双重国籍。在此情况下，获奖者在哪一个国家做出的获奖工作就被算在哪个国家里。还有几个获奖者，他们的获奖工作在美国做出，但获奖时还不是美国公民，尽管他们后来入籍美国。在这种情况下，他们的奖项没有被算在美国，如李政道和杨振宁1957年获奖时还不是美国国籍，就算在中国而没有算在美国。

表3-1显示美国在二战后1945—2002年间所获得诺贝尔科学奖数目远超过其他国家，为全球的53.69%。该表也印证了前面关于美国科学在20世纪20年代后期和20世纪30年代初期已经达到世界先进水平的观点。从表中可以看出，在1925—1934年间，美国获得了7个诺贝尔科学奖，数目位于德国之后，与英国并驾齐驱。到了1935—1944年间，美国得奖数为8个，开始超过其他国家成为领先者。由于做出获诺贝尔奖的工作和得奖之间有时间差，所以可以说在20世纪20年代后期、30年代初期，美国科学家应该已经开始领先于世界。

二战后，美国在科技上的杰出表现得益于二战时和战后国内外一系列科学格局的变革。在战前和战时发展的基础上，美国科技界和政府的联系越来越密切，其主要表现是联邦政府对科技研发的投入逐渐增大。这一方面当然是得益于美国经济在这段时间不仅雄踞世界首位而且稳定增长，国内生产总值（GDP）占全球GDP的一半左右。另一方面是因为美国政府，尤其是军方，从二战和冷战中意识到科技对国防的重要性，并把其作为加强国防的一个最重要组成部分。海军建立了海军研究署（Office of Naval Research，简称ONR），国会立法成立了原子能委员会来接管曼哈顿工程，并成立国家科学基金会来资助基础科学研究。这些政府机构资金雄厚，成为美国大科学工程的主要资助者，特别是在高能物理、地球物理、天文学等领域。国家卫生院在战前就存在，并在战后得到大力发展。它拥有多个高水平的研究所，不仅自己进行世界领先的生物医学研究，更重要的是通过一个行之有效的同行评议系统，并依靠从国会得到的越来越多的经费，来资助卫生院之外的各大学等科研机构的生物医学研究。另外，还有一些条件和因素有利于美国科学在战后得到迅速发展：战时遗留下来的物资（例如雷达装置）；理论科学家与实验科学家之间，科学家与工程师之间的团队合作经验和精神逐渐成熟；受到美国退伍兵优惠政策而推进的科学研究生扩张计划。与此相比，大多数其他国家，包括战前的科学强国德国、法国和英国，都还在慢慢地从战争的创伤里走出来，从而不可能像美国那样大规模地资助科技研究（Kevles，1987）（Galison，1997）（Kaiser，2002）。

　　20世纪60年代，欧洲经济合作和开发组织曾经专门调查过欧洲、美国和日本在科学技术上的支出及人员规模并进行比较。根据其研究列出了下面的表3-2，其中各种各样的统计数据都显示出美国在这些方面大大超过了其他国家。其中一项最引人注目的数据是美国在1963—1964年间的研究与开发经费为210亿美元，约等于英国、西德、法国、日本和加拿大五国类似的经费加起来（62.11亿美元）的3.5倍。这个表还显示出这样一个相关性：国家研发支出和人员规模与该国所得到的诺贝尔科学奖数目上的排名高低基本上呈正比关系。

表3-2 1963—1965年美国、欧洲、加拿大和日本的研发支出和人员数目（OECD，1968）[32]

研发数据＼国别	GNP/10亿美元	人均GNP/美元	人口/百万	研发支出/百万美元	研发支出占GNP比例/%	研发人员总数	每万人中的研发人数	1945—2002年诺贝尔科学奖数目和排名
美国	638.82	3，243	192.1	21，323	3.4	474，900	25	188（no.1）
英国	91.90	1，700	54.2	2，159	2.3	59，415	11	50（no.2）
德国	103.98	1，774	58.2	1，436	1.4	33，382	6	28（no.3）
法国	88.12	1，674	48.4	1，299	1.6	32，382	7	10（no.4）
日本	69.08	622	96.9	892	1.5	114，839	12	9（no.6）
加拿大	43.54	2，109	19.2	425	1	13，525	7	5（no.7）
荷兰	16.86	1，385	12.1	314	1.9	9，227	8	5（no.7）
意大利	49.58	897	51.1	290	0.6	19，415	4	3（no.9）
瑞典	17.47	2，281	7.6	253	1.5	16，425	22	10（no.5）
比利时	15.44	1，502	9.3	123	0.9	5，536	6	3（no.10）

该表中国民生产总值（GNP）和人口数据来自1964年的统计，而研发和研发人员数据是在1963—1965年间的各国统计数据。

一个国家的科研论文产出数量一般是与一个国家的科学共同体规模成正比的。在这方面的统计数据同样说明了战后美国在国际上的统治地位。例如，在1973年美国产出的科研论文为103 780篇，远远超过第二名英国（25 005篇），第三名苏联（24 418篇），第四名德国（16 408篇），第五名法国（15 102篇），第六名日本（14 265篇），第七名加拿大（11 907篇），第八名印度（6 880篇），第九名澳大利亚（5 341篇）和第十名意大利（4 691篇）。对于前五名来讲，其论文数目与它们在1955—1973年间所得到的诺贝尔科学奖数目排序是一致的（Frame，1977）[504]。

　　关于论文出版情况的统计还显示出英语逐渐取代德语而成为科技界占统治地位的语言。这个状态在二战前就已经开始，在战后更加明显。在发表论文最多的前十个国家里，四个英语国家——美国、英国、加拿大、澳大利亚——的论文数目占了总数目的64.1%。而英语论文在科技论文中所占的实际比例可能更高，因为有不少非英语国家的科技人员也用英语发表他们的科研成果（Bartholomew，2003）。

　　美国在科技资源上的国际优势在高能物理这个最"昂贵"的科研领域里表现得最突出。例如，澳大利亚的物理学家们本来在1946年曾经计划开展电子直线加速器的研制，以避免在更昂贵的回旋加速器领域与美国正面竞争。但他们很快就发现，即使在电子直线加速器领域里，他们还是会遇到美国的强劲挑战：建造电子直线加速器需要使用从军方退役的雷达装置，澳大利亚的物理学家们希望得到的是200台，而以美国加州大学伯克利分校物理学教授阿尔法莱斯（Luis Alvarez）为领导的小组已经从美国军方搞到了3 000台！在这种情况下，澳大利亚的加速器计划在20世纪40年代后期搁浅，其科学家把研究重点转向了射电天文学并取得了一些成就，包括发现太阳黑子活动和太阳磁暴之间的联系（Munns，1997）。同样因为经费和资源的问题，意大利的物理学家们选择相对不太花钱的宇宙射线研究并做出很大的成就。在这方面，他们得益于20世纪30年代从意大利移民到美国的犹太裔科学家罗西（Bruno Rossi）的帮助（Amaldi，1948）。

　　在与美国竞争的科技强国里，英国在科技资源和诺贝尔奖数目上都表现不俗，这可能跟英国从第一次科学革命以后建立起来的坚实科学传统有关，也得益于它在二战中没有遭受到其他欧洲国家那样大的创伤，当然还因为它与美国一直保持的密切科技联系。英国物理学家莫特（Neville F.Mott）在1948年5月出版的美国《今日物理》杂志创刊号上曾经撰文称："我们在英国这样的一个氛围里工作，我们不缺钱，不缺人手，不缺热情，不缺人才。"但莫特也承认，在物资普遍短缺的条件下，仪器和实验室还是很成问题。同样为了避免与美国直接竞争，英国有意地选择了一些其他领域进行重点发展，包括宇宙射线、固体物理、低温物理。莫特自己在固体电子结构方面做出成就，从而分享了1977年的诺贝尔物理学奖（Mott，1948）。

美国对日本战后的科技发展也产生了重大影响。首先，二战末期，美国和中国等盟军对日本的打击加剧了其资源的短缺，而战后美国占领期间旨在遏制军国主义的政策也限制了日本的科技发展。1945年底，正当中华民国政府要向盟军提出由日本移交其回旋加速器给中国作为战争赔偿时（其中一台大型加速器是战前由劳伦斯在伯克利设计制造然后出口到日本的），美军下令把它们破坏掉并沉入东京湾（Parrott，1945a，1945b，1945c）（梁东元，2007）。

尽管美军后来承认这是一个失误，但此举还是引起世界范围的抗议。物理学家卡尔·康普顿（Karl Compton）当时任麻省理工学院院长，刚刚领队到日本进行了一次科技情报考察，回来听到这个消息后马上发表声明激烈抗议（Smith，1970）（Home et al.，1993）（Beyler et al.，2003）。日本在战后早期致力于应用研究多于基础研究，一方面是因为美国的占领，另一方面是因为日本自身科技发展的传统。尽管有几个杰出的基础科学家做出了巨大成就，例如汤川秀树1934年提出介子理论并于1949年获得诺贝尔物理学奖，朝永振一郎战后在量子电动力学方面做出贡献（1965年分享诺贝尔物理学奖），江崎玲于奈20世纪50年代在索尼工作时发现量子隧道效应（1973年获诺贝尔物理学奖），但总的来说日本科学在战后一段时间里没有得到国内和国际的关注。日本国家高能物理实验室到1971年才正式建成

（Bartholomew，1997）。

苏联倒是在几个关键科技领域里像美国一样进行了大力投入。美国的苏俄科技史学家格莱姆（Loren Graham）研究得出结论："苏联在科技上的投入在其整个财政预算中所占的比例超过了其他任何一个工业化国家。"他还认为苏联建造了"世界上最庞大的科学体系"（Graham，1998）[53]。冷战时期，苏联在社会主义阵营里建立了一个科技交流的架构，其成员包括东欧和中国。在20世纪50年代，出于国际地缘政治考量和国内政治斗争的需要，苏联通过技术援助向中国进行了世界历史上规模最大的一次技术转移，范围包括机械和化学工程、航空航天技术、水利和军事技术（张柏春等，2004）。

苏联战后在物理学方面取得了几项领先世界的成就，后来这些成就都获得了诺贝尔物理学奖，包括朗道关于液氢的研究，苏联物理学家独立于美国物理学家做出的微波激射器及发现激光。但是，由于苏联政治对学术的干涉、对科学家的迫害，以及苏联与西方的科学信息交流中断，苏联科学应该说并没有发挥出所有潜力（Graham，1996）。

第二节　美国科技的进出口平衡与国际
科学的美国化

在德国于1945年5月投降之前和之后，美国一直都在对德国进行科技情报收集工作，尤其注重对德国科技人员和军事、工业技术及设施进行接收和审核。1945年初，曼哈顿工程主任葛鲁夫斯就派出一组人员赴欧考察德国原子弹工程的进展情况。该计划代号为"阿尔索斯"，由原籍荷兰的犹太裔物理学家古德斯米特（Samuel Goudsmit）带队，赴欧洲调查了海森伯和其他被俘的曾经参与德国原子弹研制的核科学家。但该行动最终没有使任何德国核物理学家被迁徙到美国。如前所述，海森伯和其他德国核物理学家在英国又被关押了一年左右，然后被允许回到德国。这说明美国在核物理和核能利用方面已经大大超过了德国，但"阿尔索斯"所得到的情报并不是一无用处。这些情报被转给了其他科技情报计划，对核物理之外领域的"掠夺"起到了作用（Goudsmit，1983）。一开始，这些掠夺计划的主要目的是挖掘有用的德国军事科技情报为在对日作战中使用，但很快就转变为针对苏联的"拒绝"计划，即防止德国的科技人员和资源落入苏联手中。在二战期间，美苏之间的矛盾已经日趋尖锐，以至于很多历史学家认为原子弹在日本的投放在一定程度上是美国向苏联武力示威，不仅是二战的最后一举，也是冷战的起始一步。而苏联也实施了自己针对德国的技术索取行动，从它占领和管辖的区域内运走一大批军事技术人才和设施。英国和法国也在不同程度上步了美苏后尘（Lasby，1971）。

美国最有名的掠夺计划是所谓的"回形针行动"。之所以命名为"回形针"，是因为美军在考察所俘虏的德国科技人员档案时，会在可用人选的资料上插上回形针。通过这个行动，美国军方在战后10年里从德国获得了上百名高级科技人才，以及大量的军事、工业、设备的技术资料。德国火箭专家冯布朗在战时带领他的团队为纳粹党研制出了王牌武器Ⅴ-1和Ⅴ-2导弹，战后被美军转移到了美国南方的阿拉巴马州，成为美国研制火箭和导弹的一支主要力量。他们为美国国防和空间计划做出重大贡献，包括发射美国第一颗人造地球卫星的火箭以及阿波罗登月计划所用的多项空间技术。"回形针行动"的策划者和支持者认为，冯布朗及其团队在20世纪五六十年代对美国空间计划的贡献，足以证明当年的行动是正确的。但是对很多人来讲，这个行动充满了法律和道德上的可质疑之处。例如，被带到美国的一些德国人属于非法入境，因为军方在办理他们入境的过程中隐瞒了他们的纳粹背景，而按照法律，这些有纳粹背景的人是属于被拒绝入境之列的。另外，这个行动的批评者指出，"回形针行动"把很多属于德国工业界的技术秘密和专利非法地转移到了美国，并为美国的工商业服务。

从科学上来讲，要界定"回形针行动"对美国有多少具体的贡献比较困难。从德国缴获的V–2导弹被阿伦（James von Allen）等美国科学家用来进行高空大气层空间科学实验。有一批"回形针行动"引入的德国科学家到美国大学教书，但其中没有人获得诺贝尔奖。事实上，有一批美国科学家，包括几个当年从德国流亡到美国的犹太裔科学家，反对把这些德国科学家带到美国来，认为他们的纳粹经历是污点。在波兰出生的犹太裔数学家卡可（Mark Kac）流亡到了美国，在康奈尔大学任教，1947年他组织该大学的科学家联合发表声明批评"回形针行动"："这些人直接或间接地与一个臭名昭著的政府联系在了一起。这个政府的恶行包括最残酷地压制自由科学。这些事实应该使每一个公民，尤其是每一个科学家，都感到深深的担忧。"（Lasby，1971）[190]

二战前，德国在世界科学界占有相当长时间的领先地位，而"回形针行动"计划和其他美国对德占领方针通过多方面限制德国科学的发展，从而有力地促进了世界科学美国化的进程。占领德国的最初阶段，美国禁止德国进行任何与军事有关的研究，尤其是直接涉及"军火或原子物理"方面的研究（Cassidy，1994）（Cassidy，1996）。因此，当高能物理研究在美国如火如荼地开展时，在德国却成了一个禁区，一方面因为这个领域被认为与核武器相关，另一方面因为德国当时根本担负不起相关的巨大费用，只有理论研究在继续进行。战后，德国科学界与国际科学界的相对隔绝也阻碍了德国的科学发展。人才流失更是一个严重的问题：德国科技人才一部分被各国的掠夺计划挖走，一部分在战后因"去纳粹"清理行动被去职（Ash，1999）[334]。

世界科学的美国化不仅来自它的科技进口政策和行动，也来自并体现在它的科技出口政策与行动，尤其是帮助欧洲和日本复兴科技。出于冷战战略的考量，美国在20世纪40年代末、50年代初开始对德国和日本实施科技复兴计划，帮助两国从二战创伤及战后混乱状态中逐渐恢复。在西德，由于美国的支持，原来的威廉德皇学会被改组、扩建，改名为普朗克学会，并在西德各地设立了不同学科的多个研究所。原为禁区的研究领域，如航空和核物理，也被开放（Ash，1999）[341-342]。在联邦德国政府于1949年正式成立之后，西德科学家与国外科学家的交往也得到恢复。美国从1948年实施的规模庞大的马歇尔经济援助计划帮助德国和其他欧洲国家经济复苏，从而也帮助振兴了欧洲科学（Carson et al.，2002）。1950年6月爆发的朝鲜战争极大地刺激了日本的经济复苏并促进其现代电子工业的发展。

美国与德国和日本在战后的科技关系演化说明，冷战中的国际科技活动总是受到各国地缘政治策略的影响。但是，我们也不应该忽视科学家传统的国际主义精神在美国推广大科学革命的过程中所扮演的角色。例如，美国帮助复兴欧洲科学的许多举措，不是来自美国政府，而是来自美国科学家。这些美国科学家之所以积极参与欧洲的科学复兴，一方面出于他们所信奉的科学国际主义理念，另一方面出于对国外科学家同事的人道主义关怀，还有一个因素是他们深信欧洲和日本科学的振兴对西方赢得冷战和美国科技的发展都有好处。甚至有科学家认为，帮助冷战"铁幕"的另一面发展科学对美国也有好处。1961年，捷克斯洛伐克半导体物理学家陶克（Jan Tauc）申请到美国访问的签证被拒签以后，美国物理学家、诺贝尔奖获得者巴丁（John Bardeen）写信给当时的美国国务卿腊斯克（Dean Rusk）表示抗议。巴丁在信中提到："'铁幕'两边的基础研究成果都能够自由而及时地发表，并在国际会议上公开讨论，就像1960年在布拉格召开的那次会议一样。我们应该尽自己所能鼓励这种潮流和基础研究成果的交换，因为我们先进的技术最有可能从中获利。"（王作跃，2011）[258]

美国科学家不遗余力地以多层次的科学国际主义理念在世界上推广美国风格的大科学。例如，在20世纪50年代初期，拉比和另一位活跃于政坛的美国科学活动家贝科纳（Lloyd Berkner），就在推动国际上两个大型科学项目上起到了关键作用，这两个项目分别是欧洲核子研究组织（European Organization for Nuclear Research，按法语简称CERN）和国际地球物理年（International Geophysical Year，简称IGY）。欧洲核子研究组织的起源可以追溯到联合国教科文组织为推动欧洲科学的发展、加强欧洲非军事方面的联合所做的努力，但具体的建议来自拉比在一次重要的科学国际会议上的倡议（Hermann et al.，1987）。国际地球物理年尽管也是由贝科纳等美英科学家在国际科学联盟理事会（International Council of Scientific Unions，简称ICSU，1998年之前的名称）这个国际科学组织框架下所倡议，但各国政府对参与该项目所做的考量超出了纯粹科学的范围。美国政府从一开始就意识到国际地球物理年将为其利用卫星进行全球性的侦探活动提供一个机会（Needell，1996）[289-305]（Needell，2000）。而中国政府和中国科学院在得到苏联参与国际地球物理年的消息后，由竺可桢副院长领导着积极准备参与各项活动，但在美国政府指使中国台湾地区参与之后，不得不在1957年国际地球物理年正式开启之前退出该项目（张九辰等，2009）。

在冷战初期，美国国内的科研和科技资助机构的变革也影响到国际科技的发展。例如，这段时期在资助美国大学科研项目上举足轻重的美国海军研究署，在英国伦敦和日本东京都设立了海外办事处，一方面资助欧洲和日本科学家的研究，另一方面也可以及时获取这些地区的科研成果。同样，美国在1950年成立的国家科学基金会为美国参与国际地球物理年提供了主要的经费和设施支持。它还代表美国参与了1959年《南极条约》的谈判。该条约要求把南极作为非军事、科学研究的大陆保护起来（England，1982）。当美国原子能委员会于1947年成立并接管曼哈顿工程之后，旗下管理了多个国家实验室，包括洛斯阿拉莫斯实验室，并很快建立了几个新的国家实验室，例如位于纽约长岛的布鲁克海文国家实验室。这些新的国家实验室中有一些集中进行基础研究，并成为国际科学交往（和竞争）的地方。例如，1952年布鲁克海文国家实验室邀请欧洲核子研究组织的科学家对其进行访问，并与其无私分享了自己的科学新发现——加速器强聚焦原理，从而推动了大西洋两岸高能实验物理的革命性新进展（Hewlett et al.，1989）[530]（Krige，1996）。

美国原子能委员会在建立初期还与英国就原子能方面的研究进行了合作和信息分享。但1949年发现二战时期从英国赴美国参加曼哈顿工程的犹太裔流亡物理学家福克斯（Klaus Fuchs）和其他英国人曾经为苏联充当间谍，因此，美国国会通过法律限制与英国在原子能问题上进行合作。1957年，苏联发射了世界上第一颗人造地球卫星，美国举国上下震惊并检讨失误，其中一项是认为大西洋条约组织盟国之间合作不利。这导致美国修改法律，使得美国重新与英国和其他大西洋条约组织欧洲盟国之间恢复关系并加强交流与合作（Krige，2000）。苏联成功发射卫星还促使白宫正式设立总统科学顾问和总统科学顾问委员会，给美国科学家一个参与国家科技、国防、空间、国际交流等领域政策制定的机会（王作跃，2011）。苏联成功发射卫星还使美国政府设立国家航空航天署，该机构不仅资助国内越来越多的科研，而且也促成了不少国际科技交往（Krige et al.，2013）。

　　"和平利用原子能计划"可以说是美国在冷战早期促进国际科技交流与合作、输出美国大科学革命模式方面的最大举措。该计划起源于美国总统艾森豪威尔（Dwight Eisenhower）1953年在联合国发表的演说。他在演说中倡议有核国家（当时是美国、苏联和英国）给联合国捐赠一定数量的铀和其他核材料，而联合国设立一个新的"国际原子能机构"来像一个核银行一样把这些材料分配给无核国家，助其建造用于和平目的的核反应堆。与其他国家政府之间所规划的国际科学交流活动一样，"和平利用原子能计划"的主要目的不是科学上的，而是政治上的，尽管它确实受到了很多美国科学家的欢迎。艾森豪威尔希望这个计划能够减少制造原子弹的核材料，为东西方合作建立一个先例（此前有关核裁军的一系列提议都失败了），给进入氢弹时代的世界一点希望，并以此来尽可能避免无核国家加入制造核武器的行列。艾森豪威尔的提议还是针对苏联的国际宣传战的一部分：美国政府希望以此来向世界显示其诚意和和平目的（Hewlett，1989）。

　　但"和平利用原子能计划"后来的发展偏离了艾森豪威尔所设想的方向。在短暂抵制之后，苏联与美国和一些国家一起于1956年在联合国建立起了国际原子能机构，但该机构并没有成为原来所设想的核银行，而是成了一个旨在防止受核援助国家把核材料从民用转向军用目的的组织。参与"和平利用原子能计划"的国家不是从国际原子能组织而是直接从美国通过双边协议的方式获得必要的核材料、技术和经费来建造、运营用于研究和发电的核反应堆。美国国会在1954年通过一个法案同意这样的国际核技术分享。这个计划受到苏联阵营之外的国家的热烈欢迎，仅在1955年夏天就有16个国家和地区与美国原子能委员会签订了双边协议，包括土耳其、以色列、中国台湾、黎巴嫩、西班牙、哥伦比亚、葡萄牙、委内瑞拉、丹麦、菲律宾、意大利、阿根廷、巴西、希腊、智利和巴基斯坦。到了1961年，与美国签署类似双边协议的国家和地区达到了38个（Ordoñez et al.，1996）（Hewlett et al.，1989）[236]。

美国还支持在欧洲建立欧洲原子组织，一方面促进原子能的和平利用，一方面促进欧洲的联合（Hewlett et al.，1989）。

历史学家和其他学者近年来开始关注"和平利用原子能计划"在许多国家，尤其是西欧之外的国家所产生的深远影响。它是1949年美国杜鲁门总统宣布第四点计划之后美国最大的对外技术援助计划。在西班牙，物理学一直不太强，所以根据与美国的双边协议而建造起来的第一个研究用核反应堆就成了一件大事。西班牙的佛朗科军政府还利用这个计划来拉近与美国政府的战略联系并加强自己的统治（Ordoñez et al.，1996）。其他国家，尤其是日本，利用这个计划派送了大批核科学家和工程师到美国进行培训。在很多地方，"和平利用原子能计划"成了刺激当地科技事业发展的重要因素（Low et al.，1989）（Seaborg，1977）。例如在中国台湾，以美国通过该计划所提供的研究用核反应堆为契机，建立了新竹清华大学并制定了一系列政府促进科技发展的计划（Seaborg，1977）[506-528]（Tape，1985）（Greene，2008）[43-44]。值得一提的是，在美国"和平利用原子能计划"实施的同时，中国也利用苏联发起的类似计划并在其援助下于20

世纪50年代末在北京建造了一个核反应堆和一个回旋加速器（张柏春等，2004）。

美国的"和平利用原子能计划"还衍生出一个对国际科学发展非常重要的机构——国际理论物理中心。该中心隶属于国际原子能机构，建在意大利的的里雅斯特（Trieste），从1964年起开始运作。这使得从发展中国家来的物理学家们得到与世界著名同行们直接交流的机会，当然也在一定意义上传播了美国物理学。该中心是联合国旗下的第一个专门为科学和教育所设立的机构，并为后来陆续建立的其他类似机构铺平了道路。在创始主任萨拉姆（Abdus Salam）的领导下，该中心从国际原子能机构和意大利政府处得到资助。到1980年已经资助了约6 000名发展中国家的物理学家和数学家到中心去学习，并和工业化国家来的科学家同行们一起交流、合作。1983年，萨拉姆推动创立第三世界科学院（2012年改名为世界科学院），以国际理论物理中心为秘书处，旨在推动发展中国家的科技发展。总的来说，这两个组织确实为打破发展中国家科学家在国际上的隔绝状态并增进北南科技交流起到了较大的作用（Greiff，2002）。

除了欧洲核子研究组织，美国还直接或间接地促进了国外一些科研机构的建立并有意无意地促进了世界科学的美国化。在20世纪60年代，美国政府帮助韩国政府建立韩国科学技术学院，用来提升诸多应用科学技术研究，包括化工、电子、重工业和钢铁业，对韩国在这一时期的科技工农业现代化和以出口为导向的经济发展做出了重要贡献（Kim et al.，1998）（王作跃，2011）[342-343]。1967年，约翰逊总统还派自己的科技顾问、化学家霍尼格（Donald Hornig）到中国台湾给当地的工业化规划提出建议。霍尼格说服台湾地区领导人将研发经费提高到台湾地区国民生产总值的1%（约3 000万美元），此举对20世纪

70年代和80年代台湾岛内引人注目的技术和经济转型产生了重大影响（王作跃，2011）[343]。

在尼克松总统访华之后，美国还对中国的科技现代化起到了推动作用。在"文革"结束之前，美国科学家，尤其是美籍华人科学家就已经在推动中国开启基础科学研究，尤其在高能物理领域。1972年，当美籍华人物理学家李政道（1957年与杨振宁分享诺贝尔物理学奖）第一次返回中国大陆访问时，就向周恩来总理建议考虑建造高能物理加速器。李政道还向周恩来总理介绍了很多美国科研教育的做法，例如美国的同行评议制度和产、学、研之间的合作研究系统。李政道的建议促使周恩来总理更加大力推动高能物理的建设和研究，而李政道本人也在随后多年密切参与中国高能物理政策的制定、机构的设立和仪器的研制。在他的帮助下，中国政府聘请美国著名物理学家、斯坦福直线加速器中心退休主任潘诺夫斯基（Wofgang Panofsky）担任主要顾问，在斯坦福直线加速器中心的帮助下，中国成功建造了北京正负电子对撞机。李政道和其他美国科学家还推动中国建立了一系列与美国相似的机构，例如以美国国家科学基金会为样本的中国国家自然科学基金委员会。李政道的例子说明，在美国有国际和移民背

图3-1 （左起）玻尔、弗兰克、爱因斯坦、拉比（1954年）

摄影师未详，史密森学会。来自维基共享网站，https://commons.wikimedia.org/wiki/File:Portrait_of_Albert_Einstein,_Niels_Bohr,_James_Franck_and_Rabi.jpg，公用领域作品，2016年1月下载。

景的科学家对美国科学传播到其他国家起到了特殊的作用（王作跃，2004）。

　　二战后，美国和国际大科学革命及跨国科技史中具有有里程碑意义的事件是1955年联合国在日内瓦召开的"国际原子能和平利用会议"。这次会议尽管是由国家政府组织召开，但科学家在其起源、具体组织和影响上起到了决定性的作用。这是科学家们成功地把传统的科学国际主义与冷战时期的国际地缘政治结合起来的例子。美国原子能委员会主席斯特劳斯（Lewis Strauss）被认为是这个会议的最早倡议者。他之所以做此倡议，是为了配合艾森豪威尔总统在1953年提出的"和平利用原子能计划"。但会议能够成功举行在很大程度上归功于时任美国原子能委员会的总顾问委员会主席拉比，是他利用在欧洲和其他地方广泛的科学界人脉使得会议在科学和政治上都开得富有成效（Hewlett et al.，1989）[232-235]（Rigden，1987）[240]。

　　为了开好这次会议，仅在1954年夏天拉比就两次造访欧洲。开始时，欧洲科学家对此会议是持迟疑态度的，因为核物理和核工程长时间以来一直被各国政府置于机密范围内。但对拉比来说，这正是要开这个会议的理由：开这个会也许会迫使各国政府减少在这些领域的机密封闭。按照斯特劳斯的设想，这个会议是用来讨论一个很明确的题目，即如何把国际原子能机构建成一个核材料银行，但拉比与其他美国和欧洲科学家讨论的结果是，应该把这个会议开成一个真正有内容、广泛的关于核科学各方面进展的会议。这个建议得到了艾森豪威尔总统和联合国大会的赞同（Rigden，1987）[240-244]。

　　由印度物理学家巴巴（Homi J.Bhabha）担任主席的"国际和平利用原子能会议"于1955年8月在日内瓦召开。会议之顺利和成功超出了拉比的期望。在艾森豪威尔总统的支持下，美国原子能委员会为了这次会议而公开解密了一大批相关的核科技信息。苏联政府也采取了类似的做法。美国科学家都给予会议极大的重视。大会宣读了1 132篇论文，涵盖核物理、工程、化学、生物和医学领域。有来自73个国家的3 600人了参加会议（中国大陆因为联合国不承认其合法席位而没有参加此次会议）。美国和苏联科学家珍惜这次难得的面对面的交流机会——这是冷战中的第一次——并对双方在会议上的报告都做出了高度评价。鉴于第一次会议的巨大成功，后来联合国又举办了三次这样的日内瓦会议。第二次于1958年举行，为此美国政府把整个核聚变能源研究领域解密。第三次于1964年召开。第四次也是最后一次，于1971年召开（Rigden，1987）[244-245]（Hewlett et al.，1989）[531]。

尽管现在知道"和平利用原子能计划"当年直接或间接地推进了印度、巴基斯坦和以色列的核武器计划，但总的来说该计划对重建冷战时期东西方的科学联系做出了重要贡献，而且推动了很多国家，尤其是发展中国家的科技发展。正如科技史学家克里格（John Krige）所讲，冷战时期，美国在国际科技史上长期居于领先地位，这与其广泛的国际科技交流和合作是分不开的（Krige，2010）（Krige，2008）。这些跨国科学交流和合作不仅帮助美国输出它的大科学革命，推进战后世界科学的美国化，而且有利于吸引世界各地的科技精英来到美国，从而实现美国科学的国际化并以此保持美国科技和社会的不断现代化。

第三节　美国科学共同体的国际化

　　第二次世界大战之后，世界科学格局的重组不仅导致了国际科学的美国化，而且也引起美国科学的国际化，尤其是美国科学共同体的跨国化和国际化，而这对美国推进大科学革命、技术创新、保持不断现代化都有重要意义。从1947年开始举行的著名的舍尔特岛（后来改名为罗彻斯特）高能粒子物理会议，前几次几乎所有的参与者都是美国物理学家，但到了1952年就变成了国际会议了（Marshak，1989）（Polkinghorne，1989）。在改变美国科学共同体的族裔构成上，除了有20世纪30年代的犹太裔流亡到美国的科学家之外，几千名华人科学家、工程师在20世纪40年代和50年代抵美并留美是最大和最有戏剧性的一个变化（Wang，2010）。

　　从19世纪末，尤其是20世纪初，中国留学生开始大批到美国留学，主要是在科学、技术、工程、农学、医学等"实学"领域，并被中美两国政府所鼓励。在第二次世界大战之前，大部分中国留学生在学成之后都马上返回中国。他们这样做有多种多样的原因，包括他们的爱国主义信念、美国当时以排华法案为代表的种族歧视移民政策，以及工作难找等。在二战中，美国政府撤销了排华法案，使得中国留学生留在美国的可能性大增，但移民法仍然对西欧和北欧之外的移民极具歧视性，给华人每年移民定额只有105个，所以大部分在美国的留学生和访问学者在完成学业之后仍然选择回国。1949年中华人民共和国成立，翌年朝鲜战争爆发，当时在美国的大概5 000名中国留学生和访问学者面临着去留问题（Wang，2010）。

美国政府一开始其实是鼓励中国留学生回国的，理由是他们可以把在美国所学的一切——科技和民主观念——带回并改变中国大陆。在这段时间确实有几百人因为爱国、家庭等原因回国，其中包括后来在中国核武器研制中起到了关键作用的邓稼先和朱光亚。但到了1951年9月，政策开始改变。冷战，尤其中美在朝鲜战场上的对峙，使美国重新审视中国留学生的去留问题。如同它在二战末期对德国实行"回形针行动"一样，现在它采取各种措施，包括强行措施，让中国留学生，尤其是理、工、农、医方面的留学生留在美国，以避免他们回到中国大陆或落入苏联手中。这个政策直到1954—1955年中美在日内瓦谈判时才开始改变：当时朝鲜战争已经结束，有一些早年持有美国国防机密执照的中国留学生、学者，如钱学森，已经被取消此资格很长时间，所以美国政府宣布所有愿意回国的中国人都可以回国。因此又有一批人回国，包括钱学森。根据中国国家科学技术委员会当时的统计，从1949年到1958年，大约有1 200名留学生和学者从美国回国（Wang，2010）。

然而，5 000名留学生和学者中的大部分（约4 000人）还是留在了美国。正如回国有多种多样的原因一样，选择留在美国的原因也多种多样，而且因人而异：有人对中国大陆的政治有疑虑，有人对回国以后的生活条件有疑虑，还有人主要是因为在美国专业发展非常顺利，担心回去以后会失去很多机会。在这种情况下，一批非常有才华的华人科学家选择留在了美国并确实在众多科技领域做出巨大成就，包括李政道和杨振宁，他们赢得1957年的诺贝尔物理学奖。为验证李、杨获奖工作做出决定性贡献的吴健雄虽然没有能分享该奖，但她的成就使得她在20世纪70年代当选为美国物理学会的第一位女性会长

（Wang，2010）。

除了这4 000名左右的华人科技人才之外，美国在20世纪50年代和60年代还接收了几千名曾经为逃离内战到香港避难的中国科技和其他专业人士。这些人里面有一些曾经在美国留过学，他们大部分是受到美国一个叫作"帮助中国知识分子难民"的私人基金会的帮助、资助而来到美国。这些专业人士之所以能够在每年只有105个对华移民名额的歧视性移民法律下到美国来并定居下来，是因为美国政府在1953年通过了一个难民法案。这个法案一方面帮助美国吸引了这些华人人才成为美国的人力资源，另一方面也借此来做冷战宣传，显示其社会制度的优越性，能够吸引全世界的人才（包括逃离对方阵营的人）到美国来（Zulueta，2003）（Zulueta，2009）（Wang，2010）（Hsu，2015）。

图3-2　吴健雄参加科学人才选拔赛活动（1958年）

摄影师未详，史密森学会。来自维基共享网站，https://commons.wikimedia.org/wiki/File:Chien-shiung_Wu_%281912-1997%29,_Dr._Brode,_and_Science_Talent_Search_Winners.jpg，公用领域作品，2016年1月下载。

　　除了1949年在美国的留学生和20世纪50年代从中国香港到美国的人才外，还有第三批华人成为美国科学家、工程师：20世纪50年代以后从台湾和香港到美国的留学生。这其中的佼佼者包括1976年因发现J/ψ粒子获得诺贝尔物理学奖的丁肇中，以及在20世纪80年代第一位担任美国著名的研究型大学——加州大学伯克利分校——校长的田长霖。同样，在二战后还有大批赴美留学生和移民科学家、工程师来自欧洲、加拿大、日本、韩国和印度。所有这些科学家、工程师向美国移民——至少在当时——对母国造成了"人才流失"的问题，但却对美国科技的发展做出了巨大的贡献，并改变了美国科学技术共同体的族裔构成（王作跃，2004）。

　　冷战时期的美国科学跨国化还延续了20世纪30年代欧洲流亡犹太裔科学家抵美所引起的不同科研风格交融所产生的富有成果的交叉效应（Hoch，1986）。例如，意大利物理学家皮奇奥尼（Oreste Piccioni）是一位宇宙射线实验电子学方面的专家，1946年他移民到了美国，赴麻省理工学院跟罗西一起从事宇宙射线研究。后来他被布鲁克文国家实验室聘用，并为其探索出了探测粒子的精准方法。他的方法后来为远在加州大学伯克利分校的实验小组采用。后者在塞赫雷（Emilio Segré）和查伯伦（Owen Chamberlain）的领导下利用此方法发现了反质子（Heilbron，1989）。

　　当然，美国政府在冷战早期的政策并不总是有利于国际科技交流。20世纪50年代初的麦卡锡主义不仅阻碍了国内科学家的自由，而且阻碍了国际科技交流：有的外国科学家因为左派背景被拒发美国签证，有的美国科学家因为是自由派被拒绝发给美国护照从而无法参加国外的会议。量子物理学家鲍姆（David Bohm）就因为青年时代的左派经历被迫流亡到巴西、以色列和英国。流亡英国的犹太裔物理化学家波兰尼（Michael Polanyi）以批评苏联科学政策著名，但美国领事馆却拒绝了他的签证申请，因为他曾经对英国左派组织演讲，尽管他这些演讲是为了反驳对方的观点。1955年，在国际和平利用原子能会议即将在日内瓦召开之际，美国政府却从其代表团里把著名的美国生物学家米勒（Herman J.Miller）除名，理由是他在美国联邦调查局档案里有"负面信息"。米勒认为真正的原因是他对美国原子弹试验的公开批评。当他在日内瓦会议期间以个人身份出席时，所有人起立鼓掌对他表示欢迎，并对美国政府表示抗议（Wang，1999）（Badash，2000）（Kojevnikov，2002）（Hewlett et al.，1989）。

另外两个麦卡锡时代科学与政治关系的著名案例都发生在加州理工学院。1952年，鲍林受邀请要到英国伦敦参加一个重要的科学会议，但因为他公开反对美国的核武器试验计划而被拒绝发给护照，所以未能成行。很多人认为如果他当时去了伦敦，也许会看到富兰克林的DNA X 射线衍射照片，也可能在沃森和克里克之前就会发现DNA的双螺旋分子结构。现在我们知道这个事件对他的研究产生的影响没有想象的那样大（他后来看到相关资料之后并没有马上做出正确的DNA模型），但这个事件无疑证明了麦卡锡主义对科学交流的负面影响（Hager，1995）。在同一时期，冷战政治和麦卡锡主义对当时在加州理工学院任教的钱学森造成了更加严重的影响：他在二战中和战后为美国航空、空军的发展做出了重大贡献，但1950年被指控在1938—1939年间加入过美国共产党，并在1947年回中国探亲后返回美国入关填表时隐瞒了这一事实，从而被吊销保密执照并被关押两个星期。被保释后钱学森被禁止回国或离开美国，处于"递解出境但缓期执行"状态，一直到1955年中美日内瓦谈判后才和其他留学生一起作为中国政府释放美国战俘的交换条件获准回国，并成为中国导弹和空间计划的创始人和主要组织者（Chang，1996）。[①]

尽管有以上这些障碍，美国科学共同体的国际化仍然在战后持续上升。美国拥有一个庞大而灵活的教育和科研体系，包括大学、工业实验室和国家实验室，这些对全世界的人才都有巨大的吸引力。美国政府对人力资源的需求，尤其是在20世纪60年代"阿波罗计划"鼎盛时期，使得它愿意更改政策来方便这些技术移民到美国来。如果考察一下1945—1984年间的114名美籍诺贝尔科学奖获得者，可以发现其中36名出生在美国之外。还有其他几个获奖者，如李政道和杨振宁，获奖时因为不是美国公民而没有算在上述数据里。但他们是在美国获得博士学位，在美国做出获奖的工作并一直在美国工作，后来加入了美国国籍。如果把他们也算进去的话，那么美国诺贝尔科学奖获得者里的移民比例会更高。

这种现象不仅出现在顶尖科学家里，在美国科技共同体的各个层次级别的科技人员里，移民也同样占有越来越大的比例（王作跃，2004）。美国科学技术的国际化、跨国化越来越明显（Congressional Research Service，1986）[16]。

事实上，第二次世界大战后国际科学的美国化与美国科学的国际化、跨国化是密切相关、相辅相成的两个过程。美国科学的崛起，使得美国成为世界上最吸引科技人才去留学、工作的地方，并带来的美国科技界越来越深化的族裔和文化上的多样化。而这种多样化又反过来促进了不同科学风格的有益交融，使得美国科学保持持续现代化的活力。同时，这些移民科技人才大部分保持与祖籍国科技界的密切联

[①] 熊卫民在其著作中阐述了钱学森加入美国共产党一事（熊卫民，2017）。

系，对祖国的科技教育政策有较大的影响，并持续吸引更多的年轻人才到美国来留学、工作。也就是说，这种多样化和国际联系又进一步促进了国际科学的美国化（王作跃，2004）（Kim et al.，2002）。

第二次世界大战和早期冷战引起了一系列世界科技格局的结构变革，结果是便利了美国输出其大科学革命，促进了国际科学的美国化，同时也导致了美国科学，尤其是美国科技共同体组成上的国际化和跨国化。考察这段历史，也许最突出的一个特点是美国政府开始在科技政策和事业上扮演积极的角色，不仅决定国内的科技政策，而且深刻地左右了国际科技格局。"回形针行动"和"和平利用原子能计划"都说明美国政府不断变化的地缘政治利益使得它积极参与和干预国内、国际的科技发展。在冷战中，美国的一些政策阻碍了国际科技交流，而另外的一些政策又便利了科学家的流动和交流。当然，冷战的冲突也是上述国际科学的美国化和美国科学国际化的一个重要条件。如果没有冷战，这些趋势应该还是存在的，但是冷战确实加强了科技与政府，尤其是与国防的联系，从而也加剧了上述趋势。到了20世纪60年代后期，随着冷战进入缓和时期，美国科技革命与国家现代化的联系面临着新的挑战和机遇。

第四章

从冷战到新兴科技革命

第一节　苏联卫星上天前后美国冷战科技
体制演化[①]

　　在第二次世界大战中，美国相对灵活的政府组织系统在科技政策和体制建设方面实行了一系列现代化措施，以达到把全国的科技资源动员起来为战争服务的目的。罗斯福总统任命布什组建了著名的科学研究与发展署来统筹国防科技，包括原子弹的研制。由于之前艾利森委员会的报告的影响，很少有人重新提议设立科学部或科技部。作为共和党人的布什不愿看到政府控制科学，所以他组建的科学研究与发展署开创了与原来完全不同的一套科技管理系统。此套管理系统没

---

　　① 本书中关于美国冷战时期科技政策体制的讨论的部分内容作者已发表，这里有修改、扩充（王作跃，2005）（王作跃，2007）（王作跃，2011）（王作跃，2016）。

有把为科学研究与发展署工作的科学家纳入联邦政府的编制，而是把各个项目以合同的方式承包给几个大学和公司来管理，如大名鼎鼎的"洛斯阿莫斯原子弹实验室"就是由加州大学承包的（一直到今天）。这样，科学家们就可以保留他们的大学雇员的身份，拿政府的钱给政府做研究。即使这样，布什还是觉得科学研究与发展署太强大了，只能是一个战时机构，战后马上就把它解散了。

但这时产生了一个问题：科学发展已进入大科学革命时代，许多研究项目，尤其是大学里的，都需要大量经费，这些钱只有联邦政府出得起，那么科学研究与发展署解散后，如何让联邦政府资助这些政府外的科研项目，同时又避免政府对科学进行无端控制？布什的解决方案是：建立一个国家研究基金会，由政府出钱，由科学家管理，通过同行评议来分配科研经费，同时又从宏观上协调整个联邦政府的科技政策，在一定意义上有点科技部的意思，这就是后来的美国国家科学基金会（National Science Foundation，简称NSF）。从布什1945年的提议开始，几经周折，基金会终于于1950年成立。

然而，在这5年间，美国的科技政策已经发生了巨大变化。在冷战和朝鲜战争的影响下，国防科研占据了联邦政府科技政策的统治地位，军方通过自己的机构直接与大学和工业界建立联系，资助它们的研究项目并聘请科学家们做顾问。等到1951年，国家科学基金会正式开始运行时，它并没有布什当年所设想的那样规模宏伟，即使在它的强项——基础研究方面，它的经费与国防部和原子能委员会（Atomic Energy Commission，简称AEC）的经费相比也是小巫见大巫。对于国家科学基金会协调整个政府的科技政策的任务，它的第一任主任沃特曼（Alan Waterman）更是觉得难以担当。一方面，国家科学基金会在政府中的地位远不及国防部这样的大机构；另一方面，沃特曼认为既然国家科学基金会有自己的项目，与其他部门有竞争关系，要是去干预它们的运作，未免有利益冲突之嫌。所以，尽管作为总统"大管家"的预算局一再催促国家科学基金会行使它的职责，国家科学基金会也只是做一些科技政策上的统计工作而已。

科学家们尽管对依靠军方出钱有些不太舒服，而且军方的资助有时会出现反复，但总的来说他们对战后多元的、慷慨的政府资助系统还是满意的。而政府也觉得这样的安排既促进了科学与人才的发展，又满足了政府在国防和医疗科研与咨询等方面的需要，设立科技部的事情就这样被搁置起来，只有国会众议员克莱尔·卢斯（《时代周刊》创办人卢斯（Henry Luce）的夫人），在国会重提设立科技部的提案，但因为没有得到什么支持而不了了之了（U. S. Conhress，1959）[63-70]。

1957年苏联卫星上天，这对美国政府和民众都造成极大的震撼，大家都认为一个新的"科学革命"已经开始。例如《纽约时报》在1957年10月9日发自德国的一篇报道里就把苏联卫星的发射称作"上个星期的科学革命"（Handler，1957）。这里的"科学革命"指的不是科学领域内所发生的变化，而是科学进展所引起的社会和政治领域的变革。正如前面提到的科学史学家福曼的分析所显示，尽管原子弹和卫星主要是工程技术上的成就，但处于"现代"时期的几乎所有人都把它归功于科学。例如，1960年，正在竞选总统的时任美国副总统尼克松就以"科学革命"为题在《原子科学家公报》上发表文章称："我们正处于世界前所未有的最具爆发力的科学革命之中。我们在飞入太空广远之处翱翔的同时还在生命之分子的深邃秘宫探秘。"（Nixon，1960）英国科学家兼作家斯诺（C.P.Snow）于1959年出版《两种文化以及科学革命》，先是在大西洋两岸，之后在全世界影响广泛。他在书里所用的"科学革命"同样指的是近代科技所带来的社会政治变化（Snow，1959）。

《原子科学家公报》的编辑、美国物理化学家罗宾诺维奇（Eugene Rabinowitch）更是于1963年在该杂志上连发4篇以"科学革命"为主标题的系列文章来阐明其意义：

> 我们的时代在历史上是独一无二的：我们正在同时经历三个革命。第一个是社会革命。在世界上很多地方，世世代代处于统治地位的传统精英集团正在被新的精英集团所替代。第二个是国家民族革命。这个革命正在推翻殖民帝国，推翻强国对弱国或不发达国家的统治。第三个是由科学和技术所掀起的革命。科学革命使得原来为地域性的、瞬间即逝的国家层面的兴衰成为世界范围的、几乎不可逆转的变化。（Rabinowitch，1963）[15]

罗宾诺维奇指出，因为核武器等新技术的出现，使政府不太容易被国内新的势力推翻，但同时也使它无法侵略其他有核武器的国家。

原子弹和空间计划这些科技成果引起了广泛的社会、文化讨论，以及对科技与现代化理念关系的反思。同时，苏联卫星上天所造成的轰动效应也使得美国科技体制及其国内国际科技政策改革被重新提到议事日程上来。在苏联卫星上天之前，美国人认为苏联技术落后，甚至出现了"箱弹"笑话。这个笑话的大致意思是美国人不必担心苏联会把一个原子弹装在一个衣箱里偷运入美国，因为苏联人还没有办法解决衣箱的技术问题。现在苏联卫星抢在美国之前升空，使得美国对苏联的技术刮目相看。美国公众认为，既然苏联可以发射卫星，那它也就有能力发射核导弹攻击美国本土。因此，美国公众的反应相当激烈，连美国国会也卷入其中。

在科学界，关于卫星危机性质的争论呈现出两派。一派是以泰勒（Edward Teller）为首的保守派科学家，他们认为这是美国国防科技的危机，称它比珍珠港事件更加严重，应以加强热核武器的研制作为对策。军方，包括海陆空各军种、军工企业，以及支持他们的国会议员们都赞同泰勒对苏联卫星上天意义的解释。他们认为这个事件表明苏联在导弹核武器上已经超过了美国，极力主张大力扩展各种高新武器设备和空间计划，进行科技大赶超，以缩短与苏联的"导弹差距"。另一派是以奥本海默的朋友拉比为代表的温和派科学家，他们认为苏联的卫星上天是对美国科学与教育的一个挑战，应以加强基础研究与科学教育来应对。

面对国内的强烈反响，美国总统艾森豪威尔却镇定自若。原来，从当时美国U-2秘密高空侦察机所拍摄的苏联的照片可知，其国防科技实力并未超过美国，但他又不愿公开此机密。实际上，美国政府很高兴苏联帮着美国建立了空间自由的原则，这样当美国发射它的侦察卫星时，苏联就无话可说了。

但是，公众和国会对苏联卫星上天的强烈反应，使得艾森豪威尔也不得不有所举动。作为温和派共和党人的他不愿意看到政府的规模急剧扩张，同时艾森豪威尔清楚地意识到核战争的危险性，并感觉到如果核军备竞赛继续下去，会导致美国社会的军事化。此外，艾森豪威尔也想利用卫星危机推进几项改革，以加强文官对国防部的领导，降低兵种间的竞争，改善总统科技政策与科技顾问系统，以及控制核军备竞赛。从1957年初开始，艾森豪威尔就意识到核战争的毁灭性，思考重心从如何赢得核战争转向如何避免核战争。所以艾森豪威尔在处理卫星风波时，选择了温和派科学家对危机性质的解释，认为这不是一个军事技术上的失败，而是对美国基础科学和教育上的一个挑战。作为应对措施，他任命了美国历史上第一位正式的、专职的总统科学顾问，由与温和派科学家关系良好的麻省理工学院院长基里安（James Killian）担任。他同时任命了二十来名知名温和派科学家兼职加入总统科学顾问委员会（President's Science Advisory Committee，简称PSAC）。委员会主席由总统科学顾问担任，来帮助总统和白宫的其他官员协调统筹联邦科技政策，并控制军备竞赛。艾森豪威尔同时推动国会通过了著名的国防教育法案，由联邦政府拨款设立奖学金资助优秀学生研修科学与外语专业（王作跃，2011）。

图4-1 艾森豪威尔总统与总统科学顾问委员会最后一次会见
（1960年）

前排坐者（左起）：詹姆斯·菲斯克（贝尔实验室主任、总统科学顾问委员会副主席）、乔治·基斯提雅科斯基（总统科学顾问，时任总统科学顾问委员会主席）、艾森豪威尔总统、詹姆斯·基里安（MIT董事长、前总统科学顾问和总统科学顾问委员会主席）和拉比。摄影者不详。艾森豪威尔图书馆惠允使用。

由于总统科学顾问委员会的科学家们多来自政府之外的大学和工业实验室，他们经历过第二次世界大战，对核武器的杀伤力和核军备竞赛的危险性有深刻的认识，从而积极推动美苏之间进行核军备控制。这些思想与艾森豪威尔的不谋而合。总统科学顾问委员会通过独立技术和政策论证，说明很多高新的军工项目，如花费高达10亿美元的核动力轰炸机技术仍未过关，或根本没有多大用处，所以盲目上马只会得不偿失。总统科学顾问委员会的科学家主张控制核军备竞赛和加强基础研究和科学教育，为艾森豪威尔抵制扩张军事与空间技术的努力助一臂之力，从而成为他在公共政策制定上的得力帮手。这种灵活的科学顾问制，既使得总统直接与科学界取得密切联系，又避免建立一个庞大的科技官僚系统，所以深得艾森豪威尔的喜爱。

总统科学顾问委员会对科技与教育政策的主导思想可以归纳为"技术怀疑论"，其主要观点有以下5个方面：

一是科学不仅提供了技术发展的基础，更为评估、限制技术的发展提供了关键的支撑点。

二是在公共政策领域里，科学家与工程师的责任不只是对一个问题提供技术上的答案，还要质疑这个问题是否恰当，是否有别的途径能更好地实现最终的目标。也就是说，不光要关注手段，更要关注目的。

三是在处理社会政治问题时，最重要的不是指出技术能够做什么，更多的是指出技术不能够做什么。

四是科学代表的不只是实用的技能，还是一种科学文化，一种建立在批判性思维和普适性基础上的科学文化。

五是广义的技术理性不应只停留在解决一个问题的技术层面上，而应把理性、批判性思维贯彻到技术的目的和社会效应的分析上。

在这些方面，艾森豪威尔和总统科学顾问委员会有相同之处。艾森豪威尔的政治主张是发展强大的核威慑力量以保障国防，维持冷战均衡，但应限制军工业以减小政府的规模和国家军事化以及核战争的危险。与此相应，总统科学顾问委员会认为冷战是一个国际政治问题，不能靠增强核武器研制这样一个技术途径获得解决，应通过逐步沟通谈判解决分歧，而科学因其内在的国际性在此大有作为。科学不仅是将来国防的基础，而且可以帮助政府制定合理的国防政策。

与此同时，总统科学顾问委员会产生了一系列与其技术怀疑论相应的科教哲学观念：大学是美国基础研究和人才培养的大本营，而现代科学研究费用之高，联邦政府对科技的需求之大，使得联邦政府成为大学科研最主要的和责无旁贷的资助者；大学科研同时也是对军工联合体以技术发展为导向的一个平衡；联邦政府对大学科研资助最关键的是稳定性；联邦经费无疑影响大学的科研方向，但大学应尽一切努力保持自主性；教育不仅培育人才，更是一个公民在新科技时代行使公民权利和义务的必备，就后者而言，批判性思维的训练比科学知识的积累更重要。

值得指出的是，艾森豪威尔总统出于缓和冷战、避免核战争、减少美国军事化的考虑，以及他通过技术情报对苏联实力的清醒认识，选择了温和派对卫星危机的解释，任命了基里安做全职科学顾问，并把国防动员办公室科学顾问委员会升级为总统科学顾问委员会，但在一开始，他对身边安置科学顾问是有顾虑的，认为这会增加总统的负担。然而，3年半实践下来，他不仅对他的科学顾问们赞不绝口，而且以他们为核心建立了当代美国科技咨询体制，并一再强调科技咨询在国家公共决策体制中的重要性。关于这一点，他在离任以后所写的回忆录里有这样一句话："如果没有如此出色的帮助（科学顾问），我们这个时代的任何一位总统都会在某种程度上成了残障。"（王作跃，2011）[235]现代很多公共政策都有很强烈的科技成分，如果在决策者身边没有一个懂科技的顾问，这样的决策往往是盲目的。

这个例子说明，美国政府在开始时也对科学家参与决策有一个抵制的过程。一些人对科学家有刻板印象，认为他们视野狭隘，讲话别人听不懂，所以不希望科学家在讨论决策的时候在场。他们会说，我们开会你别来，我们需要你的时候给你打电话。所谓的"On tap but not on top"，科学家就像自来水一样，一打开开关你就来了，但你不能高高在上，不能做决策或参与决策。这种思维是错误的。布什（Vannivar Bush），美国二战期间科技发展的主要组织者，战后曾质疑持这样态度的一个总统助理。布什的大意是："你刚才不是说你需要科学家的时候你就给他们打电话吗？问题是，你怎么知道你什么时候需要科学家？你不知道，该打的时候你没打，你没有这个意识。科学家不在场你就不知道这是一个科学问题，你没有意识到科技和这个问题有关。"后来肯尼迪总统的国家安全事务助理邦迪（McGeorge Bundy）也说，要建立一个有效的科技咨询体制，最关键的一点就是，科学家或科学顾问"得在场"。科学家得挤进决策的场合里头去，否则便发挥不了作用。

所以，卫星危机让科学家们挤进了白宫，但是是什么让他们能够取得总统的信任，并在国家政策制定中充分发挥作用呢？第一，是他们的独立性。科学顾问们大部分来自大学，非政府雇员，相对独立于互相竞争的政府各部门、各军种以及庞大的军事工业联合体，可以从总统层面、国家层面考察科技政策、公共政策并给出建议，这是艾森豪威尔总统特别需要的。第二，他们对技术局限性有清醒的认识。在独立性基础上，科学顾问们不仅给总统解释各种技术项目能做什么，更重要的是解释它们不能做什么。这对总统非常重要，因为各部门整天都在请求总统批准它们的项目，而它们自己提供的评估意见，因为利益冲突，并不总是可信的，所以总统非常重视自己的独立的科学顾问所提供的清醒的评估意见。

总的看来，卫星危机对美国科教政策的影响深远。具体表现为以总统科学顾问委员会为代表的温和派科学家进入政府科技与教育政策体制中，国家航空与航天总署设立，国防部改组，基础科学与科学教育经费急剧增长，国防教育法案通过，以及不可避免的国防技术与工业的扩张等。因此，美国掀起了长达10年的科教兴国运动，实施了包括政府帮助兴建一流大学等举措。由此形成的联邦科技政策是：保持强有力的国防科研系统，但是要尽可能地把联邦科研基金投入联邦政府以外的单位，将基础研究的重点放在大学，而应用和发展则由私人企业负责。在此期间，吸引世界各地精英的技术移民潮也极大地推动了美国的科技发展，而美国雄厚的技术基础使得它能最快地把美国和别国的基础研究转化为技术。

值得一提的是，在大洋彼岸的中国，经过"大跃进"的苦难之后，中国科学家们在1962年的广州会议上建议国家设立"科学顾问团"，以帮助政府避免在科研和生产中再发生违反科学规律的事情，可惜该提议并未被采纳（钱临照等，1994）[110]。

在美国，民主党占多数的国会对总统的举措，包括任命科学顾问，并不完全满意，试图以成立一个科技部来应对苏联卫星发射的危机。一方面，国会民主党人认为科学顾问们是总统的顾问，他们的报告大多带有保密性质，不光公众看不到，有时连国会议员们也看不到。另一方面，随着联邦政府的科技经费不断增长，国会非常希望在行政部门有一个能直接对国会负责的官员，来统一管理联邦科技计划，并到国会说明每年这些钱是怎么花掉的。还有一些议员对国防部大量资助美国大学搞科研不满，认为这样会导致美国科学与社会的军事化，从而希望能有一个非军方的科技部来取而代之。另外，一些在政府内工作的科学家也支持成立一个科技部，希望它能改善他们的待遇和工作条件（US Congress，1958）。这些想法在卫星风波之前已有，但风波带来的危机感给科技部的倡议者提供了一个绝佳的机会。

在国会里，从明尼苏达州来的民主党人参议员汉弗莱（Hubert Humphrey）是成立科技部的最有力的倡导者。他在1958年和1959年连续两年提交成立科技部的提案，并主持国会听证会。此外还有几个提案与汉弗莱的大同小异，都主张把几个新老科技局，如国家科学基金会、原子能委员会、新成立的国家航空航天总署、国家标准局、地质调查局等，归入一个新的科技部，部长得是内阁成员。科技部当然还要协调联邦科技政策，尤其是统一集中全美国乃至全世界的科技信息。与1884—1886年艾利森委员会的调查相比，1958—1959年的科技部议案其实与1884年的科学院委员会的建议大同小异，只是这次的积极推动者是国会，而非科学家们。

艾森豪威尔对设立科技部的必要性持怀疑态度，尽管他并非从原则上一味地反对政府资助科学研究，但他仍然担心这种资助可能带来政府对科学与教育的控制，而一个新的科技部很有可能助长这种倾向。另外，他和艾利森委员会一样，认为科技已经渗透到了联邦政府的各个部门，不可能也没必要单设一个科技部。但为了慎重起见，艾森豪威尔还是请总统科学顾问委员会就科技部的问题以及整个科技政策做一个全面调查。

总统科学顾问委员会的科学家们大多来自大学，当然希望艾森豪威尔和联邦政府增加对基础研究的资助，但他们对成立科技部缺乏热情。这可能是因为在卫星风波之后，联邦政府，包括军方，已经极大地增加了对大学科研和基础研究的资助。但为了深入研究此事，基里安和总统科学顾问委员会成立了一个专题小组，由国际商用机器公司的研究主任皮奥瑞（Emanuel Piore）任主任。该小组组织了一个内部听证会来了解政府各部门的科研状况和它们资助政府以外科研的方针措施。通过听证会皮奥瑞小组更深刻地认识到政府与大学之间在战后已经发展了密切的联系，并且联邦政府资助科研的方式是极其多元的。几乎所有的部门都准备把自己在卫星风波后增加的巨额科技经费用来资助政府以外的科研项目，主要是以与大学签订合同的方式来资助。这样做的一个益处是：从大学里得来的科研成果水平高，又能培养科技人才。

但皮奥瑞小组也发现联邦政府的科技政策缺乏统一：各部门与各大学直接谈判签订合同，合同的条款包括大学收取的一般管理费用，可以因大学、部门而异；几个部门会同时对某些领域感兴趣，如气象学、高温材料、粒子加速器，但对另外一些领域，如海洋学，却缺乏足够的重视。就总的联邦科技政策而言，小组认为最重要的是政府应保证资助的稳定性，减少突然变化或反复的情况。政府与大学的合同一般应为3年，联邦政府应该通过总统与国会明确地把支持科研作为一项国策确立下来。

那么，建立一个新的科技部不正是实现这些建议的最佳途径吗？但皮奥瑞小组不这么认为。像艾森豪威尔和当年的艾利森委员会一样，该小组认为科技已渗入国防、内政、农业、健康教育、福利部等政府各部门，直接影响这些部门的功能职责，不宜把它们从这些部门里分出来，而各个独立的联邦科技局，如原子能委员会、国家航空航天署和国家科学基金会，又各有各的使命和结构，并不能很容易就把它们归总到一个部门来管理。更重要的是，整个科学共同体似乎也不支持成立科技部。卫星风波之后，科学家以科学顾问的身份进入了白宫，国防部进行了改组，加强了科学家的决策地位，科技经费大幅增加，这些都使得科学家们不觉得科技部有成立的必要。

1958年3月，美国科学促进会（American Association for the Advancement of Science，简称AAAS）主持召开了"科学议会"，由各学科的100多位科学家代表出席讨论科学与社会的关系，其中包括科技部的设立问题。除了前述的大科技部提案外，他们还讨论了一个小科技部的提议，即主要侧重于基础研究的科技部，但讨论的结果是对大小科技部都反对。他们反对大科技部的理由与上述的理由基本相同，而关于小科技部，他们认为那样会让一个搞政治的人（部长）来负责管理与政治不大相干的基础研究。归根到底，在设立科技部这个问题上科学家的态度反映了现代科研的特殊处境：大的科学研究需要政府的资助，但科学家们又想保有自己传统的自主性，不想让政治和政府干预科研工作的运行。

但是联邦科技政策还是需要加强协调的，怎么办呢？总统科学顾问委员会的皮奥瑞小组就提出一个折中方案：建立一个联邦科技委员会（Federal Council for Science and Technology，简称FCST），由总统科学顾问任主任，各部门派一位懂科技的高级官员（如副部长）参加，以总统科学顾问委员会的调查报告做参考，来对整个联邦政府的科技计划和政策进行协调。作为一个"科学小内阁"，它通过总统科学顾问直接向总统负责，并每年发布一个关于联邦政府3年内在科技方面的需求。这个方案得到大多数总统科学顾问委员会成员的赞同，于是在1958年6月18日，总统科学顾问委员会正式向总统提交了关于这个方案的报告。

在会见总统科学顾问委员会成员之前，总统有一个记者招待会，会上一个记者问他是否在考虑设立一个科技部，艾森豪威尔风趣地回答说：

这个吗，科学有点像你呼吸的空气——无处不在；要专门搞一个部，一个单独的空气部——（笑声）我最好还是暂时在这个题目上给个否定的答案吧。要搞一个科学部，我不能断定它会特别有用；但我能说：政府的每一个部门，尤其是国防部、国务院和我，都已经尽我们最大的努力，以所有可能的方式来征求这些人（科学家）的最好的意见和想法。事实上，我今天的一个约会就是与基里安博士领衔的顾问委员会见面，如果我觉得在这个事情和这个题目上还有必要做一些正式的回答的话，我会马上请他做一个研究，让他的委员会做一个彻底的研究。①

几个小时之后，当总统询问总统科学顾问委员会对创建科技部的意见时，总统科学顾问委员会成员回答说同意总统在记者招待会上的答复。

出乎总统科学顾问委员会的预料，艾森豪威尔对"科学小内阁"的建议也持保留态度。他说这个联邦科技委员会"可以成为一个交流场所，来界定（各部门间的）遗漏和重复之处，但不可能行使权

---

① 艾森豪威尔，总统新闻发布会，1958年6月18日，见http：//www.presidency.ucsb.edu/documents/the-presidents-news-conference-276，2016年9月阅读。

力"。他担忧的是，独立的权力中心会分散总统的政策制定和实施。皮奥瑞说，在总统科学顾问委员会的构想里，联邦科技委员会没有独立的行政权力，而且是由总统的科学顾问做主任。在这个基础上，艾森豪威尔表示赞同成立联邦科技委员会。后又经过内阁的讨论，联邦科技委员会得到正式批准并于1959年3月成立。同时，白宫公开发表了总统科学顾问委员会以皮奥瑞小组调查为基础的《加强美国科学》的报告。

那么，联邦科技委员会实际上运作起来效果如何呢？达到了总统科学顾问委员会对它在协调联邦科技政策上的期望了吗？答案只能说是毁誉参半。一方面，因为总统对它职权的限制，加上美国的体制给各部门相当大的自主权，联邦科技委员会事实上对强大的几个部的科技政策没有太大的影响力。另外，各部门代表在联邦科技委员会里，既地位相等又有潜在的利益冲突，所以也不太会主动地去干涉别的部门的项目。协调本来就经常是一个出力不讨好的事，在联邦科技委员会的身上就更加难办了。但另一方面，尽管有这么多的局限性，联邦科技委员会在科学顾问的领导下，在总统科学顾问委员会的督促下，还是起到了一定的作用。它确实成了政府内部交换科技政策、意见和信息的中心，也促成了几个跨部门的科技项目，如国家材料研究计划，为这门新兴的交叉学科在美国各大学的发展奠定了基础。后来它还协调了海洋学、大气科学、高能物理和地震研究等跨部门、跨学科的发展。

总的来说，艾森豪威尔的有限但灵活的PSAC–FCST科技体系基本上满足了卫星风波之后的需要，从而使得国会关于创建科技部的议案被彻底放弃。另外，国会里那些主管各个联邦部门经费预算的委员会，也不愿意看到自己的权力和势力因为科技部的建立而削弱，所以对创建科技部的热情并不高。但到了20世纪60年代初，肯尼迪总统任期，联邦科技经费的持续增长使得国会又重启对科技政策系统的考察，要求政府的决策过程更加透明化。同时，科学顾问办公室的规模也逐步扩大，不适宜再留在白宫的力求精悍的编制内。在这种情况下，联邦科技政策体制又做了一次调整：从1962年起，通过一个只需到国会备案的机构重组方案，总统科学顾问办公室被改为科技办公室（Office of Science and Technology，简称OST），从白宫总统办公室移到总统行政办公室，并由国会正式通过成立，另列编制，由国会直接拨款。这样办公室主任就得到国会出席听证，接受国会议员的询问，从而为国会和公众提供了解政府科技政策的一个途径。

至此，美国总统科技政策系统就有了四个组成部分：总统的科学顾问、总统科学顾问委员会、联邦科技委员会和科技办公室。在实际运行上，这四个部门的协调是通过让总统科学顾问一身兼四职来完成的。这个体制的一大优越性是：总统层面的决策者，除了上亿美元的大科学项目外，一般不用参与具体的科技经费的分配，而集中于大政方针的制定和实施。具体的科技经费的分配由各部门根据自己的需要，或拨款给自己的研究单位，或采取合同及基金拨款的方式到大学和企业资助研究。实用研究一般采用合同制，基础研究则一般采用拨款制，尤其是通过国家科学基金会和隶属于健康教育福利部的国家卫生研究所（National Institutes of Health，简称NIH），二者均发展了良好的同行评议系统。

这种"四驾马车"的总统科技政策系统在20世纪60年代末和70年代初经历了严峻的考验，主要是因为大学师生，包括总统科学顾问委员会的大多数科学家，反对约翰逊和尼克松总统的越战和国防方针而导致政府与科学界、知识界的裂痕越来越深。另外，这个时期联邦科技经费也开始减少，更加剧了双方的矛盾。

第二节　美国早期环境政策的演化

从大的社会文化背景来讲，美国在20世纪60年代经历了一个科技对社会影响的反思过程，而这个时期兴起的现代环境运动对反思过程有巨大的影响。现代环境运动的一个最重要的推动者是海洋生物学家、科普作家卡逊（Rachel Carson）。卡逊最早在美国得到公众的关注是她在二战后出版了几部关于海洋与海洋生物的畅销科普作品，尤其是《我们周围的海洋》。20世纪50年代末，她关注到美国从政府到制造商再到使用者都普遍存在对农药的信仰、依赖和滥用，把它作为

图4-2　在美国政府鱼类与野生生物管理署（Fish and Wildlife Service）做科普作家和编辑的卡逊（1940年）

摄影师未详，鱼类与野生生物管理署照片。来自维基共享网站，https://commons.wikimedia.org/wiki/File:Rachel_Carson_w.jpg，公用领域作品，2016年1月下载。

提高农作物产量、消除公共卫生隐患的利器，作为现代科技发展的象征。而卡逊从研究人类与海洋关系的历史和现状中意识到当时普遍存在着对环境问题的忽视。20世纪50年代，有关大气核试验所造成的空气辐射污染问题的争论，也让她意识到高度发达的技术已经可以使得人类活动的影响遍及全球。这个问题在她深入研究农药滥用的问题时逐渐变得明朗化：因为利益集团受利益的影响，在大力推广农药科技的过程中，根本没有就农药对环境的影响、对其他生物的影响，甚至对人类本身的健康影响做过细致的研究。在收集了大量翔实的有关农药问题的资料的基础上，她撰写了《寂静的春天》一书，阐述农药滥用的危害性，于1962年出版，在美国和全世界公众中引起了巨大的反响。[①]

然而，在卡逊的《寂静的春天》一书出版之后，美国农业部和农药制造商们，甚至有些研究农药效益（但没有研究其环境影响）的科学家们，普遍采取了敌对态度，对卡逊极尽诋毁，以至于卡逊担心她的书将达不到预定的目标，即促使政府采取措施限制农药的滥用。就在这时，美国总统肯尼迪指示他的总统科学顾问委员会对此问题进行深入调查。总统科学顾问委员会为此成立了一个专门小组，邀请与农药较少有相关直接利益的科学家参与调查。经过长时期的细致调查、研究和讨论，听取各方面意见，包括与卡逊本人见面、讨论之后，这些科学家得出结论：农药在农业和公共卫生上有它的重要作用，但是当时是出现了严重的滥用，而且几乎没有研究来关注这些农药对环境的影响和对人类及其他生物的长远影响。至少在这一点上，卡逊敲响警钟就完全是对的。报告的最后写道：

---

① 这一段关于卡逊的《寂静的春天》和总统科学顾问委员的研究最早发表在王作跃的著作中（王作跃，2011）[64-290]，这里有修改。

"公开发表的文章和小组成员的经验表明，卡逊的《寂静的春天》出版之前，人们普遍没有认识到农药的毒性。"报告建议，"由合适的联邦部委和机构来启动公共教育计划，以说明农药的毒性和使用"，还有"政府应该以这样一种方式向公众提供这一信息，即让公众明白农药的价值的同时也意识到它的危险性"。

总统科学顾问委员会认真讨论了小组的报告草案，最后一致赞同报告，并通过科学顾问委员会主席、肯尼迪的科学顾问维斯纳（Jerome Wiesner）把报告提交给了总统。肯尼迪总统马上发令将报告公开发表，并向国会提交相关提议法案，开始进行农药管理领域的改革。

这份报告可以说是总统科学顾问委员会历史上争论最为激烈、对美国公共政策最有影响的一个文件。它在很大程度上支持了卡逊在《寂静的春天》中提出的各项具体主张和理念。虽然承认为了粮食生产和疾病控制"必须继续使用农药"，但它明确指出农药的滥用也会危害人类和其他生物。该报告像卡逊在其书中所强调的一样，认为农药问题所代表的只是众多环境问题的冰山一角，甚至认为在全面了解信息之前就应该采取行动：

> 专门小组确信，我们必须更全面地了解这些化学品的性质，并确定其对包括人类在内的生物系统的长期影响。小组的各项建议就是针对这些需求而做出来的，目的是对农药更合理地使用或者找出其他控制虫害的替代方法，以使得风险最小化和收益最大化。在提出这些建议的同时，我们应充分认识到，农药只是环境污染问题的一个方面，但是我们深信，使用农药所带来的灾害要求我们在一个控制环境污染的全面计划得到实施之前，必须迅速采取一些暂时性的措施。

也就是说，该报告倡导这样一个观点，即在面对环境变化可能带来的灾难性后果时，可取的、保守的立场是积极采取措施以缓解问题，而不是坐等所有的数据和证据收集齐全再采取行动。

总统科学顾问委员会的专门小组还指出，农药的问题并没有什么快捷的技术或专制的解决办法，它需要在民主的框架内通过科学理解和技术进步之间的动态互动来解决：

> 它（专门小组）能够提出避免或减轻农药害处的方法，但是最终社会必须做出决定，而要做到这一点，它必须获得足够的信息并以此为基础做出判断。这个决定不可能是一劳永逸的，必须是随着周围环境的变化和知识的增长而处于不断变动之中。（王作跃，2011）[280]

在要求公众有知情权和选择权这一点上，总统科学顾问委员会其实是在响应卡逊在《寂静的春天》里所发出的号召，即公众必须决定是否希望继续走目前的道路，而公众只有在充分掌握事实的时候才有可能这么做。最重要的是，总统科学顾问委员会呼吁增加有关农药的使用的公共政策的公开性——"所有用来作为给予（农药）登记和制定容许量的基础资料应予以公布，以便让这些数据的假设、有效性和可靠性接受公众和科学共同体的严格审查"。值得注意的是，总统科学顾问委员会在这里倡导的是把美国公共政策的权威从政府技术专家转向理解科学的公众。

总统科学顾问委员会不仅证实了卡逊对农药滥用的具体指控，而且支持她对误导的技术狂热论所做的哲学批判。卡逊在《寂静的春天》中说，人类对环境的破坏来自我们欠发达的科学和过度发达的技术之间的不幸失衡：

"控制自然"这句话孕育于自负，诞生在生物学和哲
学的尼安德特时代，当时认为自然是为了方便人类而存在
的。应用昆虫学的概念和实践绝大部分可以追溯到科学的
石器时代。如此原始的科学用最现代的、恐怖的武器武装
了自己，并且在用它们对付害虫的同时也使它们与地球对
立起来，这是令人担忧的事情。（王作跃，2011）[282]

总统科学顾问委员会也认为，在试图用技术控制自然之前，重要
的是通过科学或基础研究来理解自然。关于农药对环境影响的基础研
究，既可以作为未来农药技术的基础，也可以成为解决由于滥用农药
而造成的环境问题的途径。总统科学顾问委员会和卡逊都相信，科学
研究最终将会为走出技术僵局指明道路，并提出应该增加联邦政府基
础研究资助。

总统科学顾问委员会专门小组的报告对卡逊的《寂静的春天》
的中心思想的充分肯定，受到大众的普遍欢迎（农药既得利益者除
外）。当然，让总统科学顾问委员会报告特别有分量的，是报告中肯
尼迪总统简短而关键的声明。他说："我已经要求相关的负责机构落
实这个报告中的建议，包括为我准备的那些将要提交给国会的立法和
技术建议。"这是总统科学顾问委员会压倒预算局反对意见的罕有
事例。从某种意义上说，它标志着政府内部有关农药政策的争论的
第一阶段已经结束，尽管对总统科学顾问委员会报告中的那些建议
还存在着不同的解释。卡逊对总统科学顾问委员会的报告感到非常
兴奋，在白宫发布报告的当天她就通过哥伦比亚广播公司就报告做

了热情洋溢的评论：

> 我认为这是一个非常好的报告，它很有分量。它是客观的，而且我认为它对这个问题的评价是公正的。我觉得报告为我和我的主要观点做了辩护。我尤其高兴的是，（报告）重申了这样的事实，即公众有权利了解事实，这说到底也是我要写《寂静的春天》的最重要的原因。（王作跃，2011）[284]

在总统科学顾问委员会的报告发表之后，国会就农药使用问题专门举办了听证会。卡逊在听证会上阐述了自己反对无节制地使用农药的立场，以及她对总统科学顾问委员会建议的支持，特别是淘汰持久性农药，加强医疗教育、基础研究和内务部在农药监管中的作用等建议。她还呼吁在总统行政办公室成立一个独立的、没有利益冲突的委员会，"由在医学、遗传学、生物学和对自然资源保护等领域内有很高专业能力的人组成"，来制定农药政策。卡逊与总统科学顾问委员会农药专门小组打交道的良好经历，可能促生了她提议建立此委员会的想法，而很多人后来把此委员会看作是美国环境保护署（Environmental Protection Agency，简称EPA）的萌芽。

总统科学顾问委员会和卡逊参与农药的争论让我们看到，现代环境运动是对新科技革命所衍生出来的对科技盲目信仰的一个反思，但并不是对技术，尤其不是对科学的摒弃和一味反对。总统科学顾问委员会和卡逊本人都以科学家的身份对公共政策发出声音，在阐述他们的技术怀疑论的同时，强调适当的技术，尤其是科学的重要性。而且，我们还可以说，在20世纪60年代，尽管美国科技普遍发达但仍然面临着一个重要的现代化问题：如何使得经济和技术的发展与环境的保护相协调。这不仅要从科学的角度大力发展生态学等与环境相关的学科建设，更需要一些兼具环境专业背景和公共政策经验的环境政策专业人才。在那个年代，环境专业刚刚出现，作为一个涵盖环境问题的自然和社会方面的跨学科知识体系，它的目标是通过公共政策来控制和调节这些问题。但那时它还处于初始阶段，处于被创造出来的过程中，并且颇有争议。事实上，总统科学顾问委员会的农药研究是首次对来自不同机构、来源和学科的，有关环境的一个主要问题的最先进研究成果的综合。

回头来看，总统科学顾问委员会报告的真正贡献是它在改变公众和官方就卡逊的《寂静的春天》中所提出的环境问题的看法上起到了关键作用。总统科学顾问委员会的科学声望，对农药风险所做的不偏颇的、清晰的阐述，以及肯尼迪总统的大力支持，这一切都有助于打击农药利益集团的傲慢态度。总统科学顾问委员会还帮助开创一个科技政策制定的新模式，即承认科学有不确定性，但仍然鼓励决策者以对潜在风险进行动态研究和保守评估为准则来积极制定政策。总统科学顾问委员会的农药研究，可以说在很多方面开创了环境研究的先河，使其成为一个严肃的、跨学科的科学领域。

对总统科学顾问委员会农药问题研究的考察还表明，在环境方面，与军事技术和军备控制方面一样，总统需要专业但独立的科学咨询。如果没有总统科学顾问委员会及时而有成效的支持，肯尼迪总统即使想要采取行动，也可能无法应对那些针对卡逊和她的书的攻击浪潮。总统科学顾问委员会的独立性使得他们可以避免被联邦机构的狭隘利益所动摇。肯尼迪总统对政府外科学咨询的创造性运用帮助他克服了官僚们对环境问题的不作为。因此，由于总统科学顾问委员会对农药的这项研究，至少在1970年美国环保署建立之前，科学顾问的办公室越来越成为白宫甚至联邦政府中环境行动主义的中心。

最重要的是，总统科学顾问委员会的技术怀疑论，即它在与核军备竞赛的长期斗争中所获得的对技术解决办法的局限性的深刻体会，极大地影响了它对虫害控制和农药后果问题的处理方式和态度。就像它怀疑新型核武器是解决冷战政治问题的办法一样，总统科学顾问委员会提醒大家，盲目相信可以通过化学品来控制虫害是危险的。在禁止核试验的问题上，它意识到禁核协议的达成是一个政治问题，不可能通过技术设计来实现；同样，在农药问题上，它认定农药问题乃至整个环境问题，不是只依赖专家们就能解决的。这就是为什么总统科学顾问委员会在农药报告中响应卡逊，号召在充分掌握信息的基础上由社会来决定农药的使用。总统科学顾问委员会再一次强调，有必要让公众认识到在复杂的社会、政治以及自然、生态背景中，任何技术解决方案都是有局限性的。

当然，作为一个科普作家，卡逊在整个过程中的作用毋庸置疑。如果不是因为卡逊的《寂静的春天》一书，总统科学顾问委员会可能在几年内都不会开展有关农药问题的调查研究。卡逊对这个问题的清晰阐述和伴随而来的公众兴趣，促使总统科学顾问委员会不再满足于只要求加强进一步的研究，而是对改变政策提出了有力的建议。卡逊的影响和公众的兴趣当然也有助于引起总统对这个问题的关注，并削弱了官僚和农药制造商对总统科学顾问委员建议的抵抗。近来的研究表明，走向适当技术的运动（该运动建立在对技术措施的局限性认知的基础上），体现了20世纪六七十年代美国文化的女性化。最终，是果断的政治领导、开明的技术理性，以及秉持科学的公共行动主义联合起来把这场农药争论变成了现代环境运动的开端。

　　到了20世纪60年代中期约翰逊总统任内，环境问题更加严重，也更加成为总统科学顾问委员会关注的中心。这时人们的环保意识已经从20世纪初的保护自然资源转变为保护自然生态环境免受工业化发展的污染。1964—1965年间总统科学顾问委员会对环境问题的一次全面调查研究，就像此前它对卡逊所提出的农药问题的调查一样，成为现代环境运动的一个里程碑。这是联邦政府第一次把环境问题提到议事日程上来，并推动政府、科学界和公众都开始普遍重视环境问题。

　　总统科学顾问委员会在1965年完成了一个题为《恢复我们的环境质量》的环境报告，是美国环境政策演化中的一个重要文件，第一次提出创造一个没有污染的环境应该像教育一样并列为人类基本人权。报告提出了涵盖环境诸多方面的100多条建议，这些建议很多后来都通过立法或其他方式转变为联邦法律和政策。鉴于该报告对美国当时环境政策演化的重要性，以及对中国当代应对环境问题的借鉴意义，在这里稍微详细介绍一下该报告的产生过程和具体内容。[①]

　　首先值得关注的是该报告调查范围之广、之具体：总统科学顾问委员会先组织一个"环境污染小组"，15名成员主要由各大学相关专家组成，组长由普林斯顿大学数学教授（兼贝尔实验室副执行主任）图基（John W. Tukey）担任，办事员由白宫科技办公室的巴克利（John L. Buckley）担任。该小组各成员然后以分组组长的身份组织11个分组，分别调查"土壤污染""环境污染对健康的影响""基准监测""大气中的二氧化碳""固体废物""混合下水道""氯化废物的效应""农业废物""水华""污染物对人类之外生物的影响""病虫害

---

① 内容主要来自PSAC（1965）。

控制的改进实践"。而这些分组每个由2-8个成员组成，共有来自联邦各部、各州政府、众多大学和企业的四五十位专家参加。这些科学家并不只是闭起门来开会、写报告，而是先分头与相关领域的专家联系、讨论，并对所收集到的各种公开的和未发表的信息进行分析、研究，然后才写报告。最后由白宫发表的《恢复我们环境的质量》报告，不仅有整个"环境污染小组"的总体报告，还有各分组的详细报告，它为总体报告所提出的各项建议提供细致的论证和补充。

总统科学顾问委员会的报告在引言里给出环境污染的一个定义："环境污染是对我们的周遭进行不利的改变，这些改变绝大多数是作为人类行为的副产品而出现的，表现方式为能源模式、辐射程度、化学和物理结构、有机体资源量变化所产生的直接或间接效应。"（第1页）具体讲，污染物有两种：一种是人类活动所产生的无益副产品，另一种是那些已经被使用过的废弃物品。这些污染物可以在环境中停留、漂移、周转很长时间，损害经济发展和人们的生活品质。

报告认为，随着社会的技术化和生活水平的提高，污染一定会产生，进而需要越来越多的控制机制。污染经常是一个全球性的问题，例如，"污染物已经在全球范围内改变了大气中二氧化碳的含量以及海水里和人类身上铅的浓度"（第2页）。污染物已经降低了大量土壤的生产力和一些作物产量，导致大量鱼类死亡，危害了益虫和鸟类，甚至在南极企鹅和北极雪鸮体内也发现有农药。

总统科学顾问委员会提出，美国联邦政府必须在应对环境污染问题上负起领导责任，而不是推给各州或地方，因为美国优良的自然环境是"全国人民的遗产"，必须为了现在和未来的世世代代而保护。"我们国家的永续国力和福祉，取决于我们的资源数量和质量，以及我们的人民所生活于其中的环境质量。"（第2页）另外，污染无处不在，不受州界的限制；相关的技术、经济和政治问题都是全国性的；联邦政府直接管辖着大量土地，如联邦森林和国家公园，而这些土地已经受到污染的影响；联邦政府掌管的大型事业，如国防部的大型行动，如国家森林土地农药喷洒，都会产生污染；联邦政府已经具有保护和改善国家自然资源的职责。总统科学顾问委员会认为这些因素都说明，联邦政府必须在全国控制环境问题上首先起到带头作用，而且还要进而影响其他各个方面来推动环境保护。

最后在引言里，总统科学顾问委员会为该报告的作用——也可以说是为科学家在环境及其他公共政策问题中的角色——做了一个中肯的定位："我们在这份报告里试图对（环境污染）问题进行一个描述，区分什么是我们现在所知道的、什么是我们现在所不知道的，并建议一些措施，而这些措施是为减少已经发生的污染，并避免将来的不可接受的环境恶化所需要的。"（第2页）

对于公众可能最关心的问题——环境污染会对人类健康造成什么影响？总统科学顾问委员会在报告正文第一章"污染的影响"里就给予了说明。报告首先指出空气污染的危害，把它分成急性的和慢性的。由于职业或事故原因导致有人因为毒气、农药喷雾、烟雾和高浓度灰尘致病或死亡，这是急性的。如果某些地区发生大雾、逆温和空气停滞现象，再加上燃烧引起的空气污染，就会出现灾难性的后果，导致有些老人和有心血管、呼吸道疾病的人死亡。至于慢性的、一般的城市空气污染对人类健康的影响，报告认为当时的研究还不能给出准确的答案，但可以确定的是，抽烟对人体健康的影响要比这种一般性的空气污染的影响大得多。另外，居住在城市的人比居住在乡村的人得肺癌的几率要高，而空气污染可能是一个因素。这种空气污染还会加剧哮喘病或其他呼吸道疾病的病况。

报告谈到水污染与人类健康的关系时指出，美国在治理水污染方面其实是取得了很大的进展：原来有各种疾病，尤其是伤寒、霍乱、痢疾，主要是通过水源传播的，后来发展了水处理办法，控制了大部分的病菌（但病毒，如肝炎病毒等仍然是一个问题）。而水的化学污染问题则随着城市化和农业现代化而越来越严重：来自下水道或农田肥料中的硝酸盐类化学品会污染地下水，含量过高的话会造成婴儿高铁血红蛋白血症。

最后一个也可能是公众比较关注的一个污染与人类健康的话题是农药问题。报告指出，二战后农药在种类和使用量上的快速增长引起了公众的关注，而且确实有人因为事故、职业和自杀等原因使用农药而被致死，但也承认到那时为止还没有发现农药的正常使用会导致人类死亡和疾病明显增加的证据。事实上一直到了21世纪科学家才找到农药，尤其是滴滴涕（DDT）与癌症发病率之间的一些联系（Cohn et al.，2015）。

但是，即使当时没有明显的证据说明农药的正常使用会危及人类健康，也并不意味着它们不会对其他生物产生负面影响。报告指出农药等污染物可能在水或土壤中存留较长时间，含量达到一定浓度时会导致鱼类死亡、蜜蜂消失，严重影响作物产量，危害动植物的生存。

报告问"为什么我们要关心"其他生物？那是因为"人类只是大千世界多种物种中的一种；人类的生活、娱乐甚至生存都依赖于很多其他物种"。总统科学顾问委员会赞同卡逊在《寂静的春天》中提出的观点，即世界上的生物通过"相互依存、相互作用构成了一个复杂的、动态的系统"。所以，当人类通过像农业这样的活动来"大规模地人工操纵自然的平衡"时，就会出现一些意想不到的后果，其中就包括环境污染问题，例如土壤污染、益虫消失、湖水的富营养化和水华现象等（第5页）。报告特意指出土壤污染的严重性：当时很多农药和化肥里含有重金属如铜、砷和铅以及放射性物质（后者还来自核武器试验），这些污染物不仅会影响土壤和作物产量，还会通过渗透作用进入作物从而危害人体健康，比如放射性物质会进入烟草而被人体吸入。

报告在讨论动植物世界对人类的重要性以及污染对它们造成的危害时，特别提醒大家注意它们在帮助人类控制污染上的重要作用。首先，生物，尤其是微生物，能够吸收和化解污染物，从而净化空气、水和土壤。其次，有很多有机物，它们各自对某一种污染物有一定的敏感度，直接可以成为我们环境的生物鉴定和监测系统，以及对人类及其环境所面临的危险做出预警。即便如此，报告在下一章"污染源"里还是警告说，污染物会越来越多，其所引起的问题就会越来越严重，"因为环境来吸收和抵消这些污染物的能力不会变化"（第12页）。

总统科学顾问委员会的报告在给出具体建议之前，有一个简单明了但极具深刻哲学意味的有关环境问题的科技和公共政策的说明，题为"我们下一步应该向什么方向走？"，这章开门见山地指出"污染触及我们每一个人，我们同时是污染者和污染的受害者"（第13页）。在总结了环境问题的严重性之后，报告指出美国当时应对环境问题的措施是不系统的、缺乏全局统筹的，而且从联邦政府到各州再到其他层次都有此类问题，所以组织问题是环境政策的第一个问题和重点。第二个问题是知识问题。很多环境问题缺乏基础研究和信息。这不仅包括污染物和污染载体（比如大气中的各种气体、地表和地下水、海流和土粒）的物理、化学性质，还包括污染物在生物群体中传播的知识，即生态学方面的研究。总统科学顾问委员会报告所强调的第三个问题是保守原则，即应对环境问题要突出预警和预备，宁愿错在过多而非过少，这也是环境政策中最中心的一个问题，其表述值得全文引出：

> 我们现在知道，在我们必须做出决断时，是不可能预见污染问题所造成的环境变化的所有影响的。所以，负责任的决断必须是一个保守的决断。为这些决断提供依据的必须是来自尽可能真实的趋势和指标；没有必要提出证据说灾难一定会发生。一个动物群体里所发生的反常变化——不管有多小、不管发生在个体动物生命史中的哪个阶段，不管发生在该物种综合体的什么领域——都必须被当作潜在危险的警告。很多污染问题可以通过生态保护的实施来避免。对于一个污染物的持续性、生物效应和可预计的初始分布及数量如果有正确的认识，就至少可以部分预见其对生物的影响。将来，这样的预先评估是必要的。
>
> （第14页）

值得注意的是，总统科学顾问委员会在这个报告里，像它的其他报告和咨询意见一样，没有把自己局限在狭隘的科学和技术问题上面，而是根据咨询问题的性质，自然而然地、有理有据地把讨论和咨询的意见扩展到广阔的政策及制度层面上去了。因为总统科学顾问委员会的科学家们早已意识到，科技问题和社会、政治、制度问题是分不开的，只局限在技术层面会得出误导性的结论，而他们所秉持的技术理性是广义的，在循证基础上对科技以及相关问题进行综合、理性的考察。具体来讲，这个报告以及此前总统科学顾问委员会的《农药的使用》报告，为后来美国通过《环境评估报告》这个环境政策制度里最强有力的工具打下了基础。

对经济在应对环境污染中的作用的考虑是总统科学顾问委员会广义技术理性咨询哲学的另一个侧面。在"方向"这一章的结尾提出，工农业生产所产生的废物不能再像以往一样不加任何处理就排放到环境里，而是应该进行去污染处理，且相关费用应该由相关的生产者承担，作为生产成本的一部分。"过去，污染的压力来自于经济；将来，降低污染的压力也必须来自于经济。"对经济因素的考虑还扩展到环境政策最重要的一个方面：人力资源的培养。报告提出，要解决复杂的环境问题，不仅需要培养大量的技术员、工程师和科学家，而且也需要相关的经济学家和行政管理者。所需要的知识不仅有科学和技术知识，而且有经济知识。"我们的政府有鲜明的责任，以保证把有能力、有想象力的人才吸引到这个广阔的领域来并让他们受到精细的训练，并且保证科学家和工程师有条件创造出知识和技术，从而给予我国人民一个清洁、健康和愉悦的环境。"（第15页）

这些关于组织、制度和经济在解决环境问题中的作用的讨论也说明，总统科学顾问委员会在这个报告里体现出它一贯的对纯粹依赖技术解决社会政治问题幻想的警惕性。例如，报告指出，有很多污染问题的解决所需要的是加强或改善已有法规的执行，"而不是技术进步"。它还提出，要达到环境治理的目的，需要制定一系列环境质量标准，而这些标准的制定直接涉及民主制度的运作："（制定）这些标准意味着一个社区为了使其周遭环境具有一定的质量和实用性，愿意自己承担一定的费用，或强迫别人承担这些费用。"（第15页）而具体到每一个污染物标准的制定，报告提出一些需要考虑的因素：该污染物的效应、对其控制的各种技术能力、控制的费用、污染物所可能影响到的资源的使用价值。

　　总统科学顾问委员会对环境问题的广义理解也体现在该咨询报告把"原则"放在一系列建议的首位。报告说：

　　我们建议下列原则在联邦层面上、地方和全国范围内被接受：

　　A1：公众应该意识到，以无污染为标志的生活品质是一个个人权利，就像公众已经意识到有权受到教育、改善经济状况、享用公共娱乐一样……

　　A2：大家需要意识到并总体上接受这样的结论，即每一个污染者需要为其污染所造成的所有形式的破坏负责任，应该没有任何污染的"权力"（right）。

　　A3：所有政府机构——地方、州和联邦——在控制污染问题上的角色应该是互补的并相互支持……

　　A4：联邦政府各部门应该在所有它们主持、支持和控制的活动中，特别注意避免和管控污染，这一方面是为了减少污染，一方面是为其他部门做一个榜样……

　　A5：所有与污染相关的政府部门和组织都应该加强各项活动，使得公众对污染及其引起的各种问题有更好的理解……

　　A6：所有相关人员都应该意识到，目前被污染所破坏的主要有人类的生活品质，还有其他生物的生存和成长……

　　A7：所有人都应该清楚地意识到汽车作为一个污染源的特殊重要性。汽车是我们大量的、多种多样污染问题快速增长的原因。

A8：当我们的污染问题越来越严重时，大家都应该意识到，我们必须在越来越大、越来越复杂的系统里来考虑我们的平衡和选择……

A9：在所有那些兼顾污染执法和研究责任的部门里，应该在行政上和预算上把两者进行足够的分离，以减少研发活动和调查执法活动之间出现的互相干扰……

A10：在制定资源使用和社区发展决策时，包括交通系统、城区更新、灌溉、排水和农业实践等，应该首要考虑收集各种污染物的影响和行为的信息……

A11：把在鱼类和贝类生命史中占有重要地位的浅水区域填起来应该被视为一种严重的污染。

A12：病虫害的控制应该越来越依赖于结合农药使用和多项生物环境技术的综合方法。

A13：不必要的农药使用应该尽可能避免。

（第16—17页）

现在看来，这个1965年总统科学顾问委员会的报告最引人注意的结论是它关于全球气候变化的警告。在第一章"污染的影响"的最后一节里，报告指出：

目前，每年有60亿吨的二氧化碳通过煤、石油和天然气的燃烧而被释放到地球的大气里。到2000年，我们的大气里的二氧化碳含量会比现在增加大约25%。这将改变大气的热平衡，以至于可能会发生明显的气候变化，而这些气候变化将是区域性的举措甚至是国家层面的举措所无法控制的。到

时候，可能需要认真考虑下列措施的可行性：有意识地改变其他过程以促成能够抵消这个效应的变化。（第9页）

全球气候变化问题在报告的第二章里受到进一步关注。在列举城市和工业污水、牲畜排泄、城市垃圾、矿山废物、消费品废物这些"有意丢弃的废物"之后，报告探讨了大量严重的"非有意的排放"问题，尤其是化石燃料燃烧所造成的空气污染问题：在家里、车里和工厂里所燃烧的煤、石油和天然气会向大气中排放二氧化硫、二氧化碳、一氧化碳、各种氮氧化物和未充分燃烧的碳氢化合物（烃）。"这些排放中的一些气体，以及汽油、天然气蒸汽会在空气中及阳光作用下发生化学反应，产生雾霾中的有害成分；而其他排放气体，例如二氧化碳，则正在剧增以至于最终会引起明显的气候变化。"报告还指出，机动车辆还排放了大量的铅到大气中来。报告的结论是："事实上，内燃机所引起的污染问题是如此严重，恶化如此迅速，以至于很可能需要在全国范围为小汽车、公共汽车和卡车提供一种无污染的替代能源。"（第12页）而这个预言在近年来美国和其他各国大力发展电动汽车、油电混合车、氢气动力汽车、天然气燃油汽车等趋势上可以说是得到了验证。

气候变化问题在报告正文的最后一章"建议"的最后一节里又一次得到强调。尽管报告因为其他建议的相对紧迫性而没有把此问题列到104项正式的、具体的建议之中，但"环境污染小组"认为，"大气中的二氧化碳分组"所提出的积极探讨能够抵消气候变化过程的建议是"有价值和重要的"，把它作为正式建议之外应该受到重视的其他建议的典型（第38页）。报告提议继续开展研究，深入了解这个问题，同时探讨"防止或减少气候变化的方法"，包括改用较少产生二氧化碳的能源。在此报告的基础上，约翰逊总统在1965年给国会的一个咨文里也提出人类正在改变大气的警告。可惜因为各种因素，包括越战的影响，约翰逊总统与科学界包括总统科学顾问委员会之间的关系恶化，这个问题一直到20世纪末才真正得到美国政府和世界的重视（王作跃，2011）。

1968年，尼克松（Richard Nixon）在总统大选中获胜后，美国科学家与政府之间的糟糕关系似乎有所好转。令许多在竞选期间反对尼克松的科学家惊喜的是，尼克松总统不仅呼吁加强和稳定对基础研究的资助，还签署国会通过的环保法案成立了环保署，并选择了退休的加州理工学院院长杜布里奇（Lee A. DuBridge）来做他的科学顾问。尼克松总统还采取了其他一些措施大张旗鼓地改善他在科学共同体中的形象：他重新恢复了国家科学基金会预算上限里被扣掉的1 000万美元，并在上任后的第一个月就接见了国家科学委员会成员。然而，"蜜月"刚刚开始就结束了。没过多久，杜布里奇就黯然神伤地离开了白宫，他的继任者小爱德华（Edward David, Jr.）遭遇也差不多。1973年，尼克松总统轻率地撤销了白宫科技办公室和总统科学顾问委员会，从而结束了美国科学家与政府之间关系的一个历史阶段。

是什么导致了事态的这种转变？在这一时期，总统科学顾问委员会和其他美国科学家与尼克松政府之间在越南战争问题上的公开冲突，以及关于技术政策方面诸如反弹道导弹和超音速运输机的争论，无疑使双方本已脆弱的关系更加恶化。而且，还有其他一些幕后的原因迫使科学家们离开白宫。例如，尼克松政府在针对大量社会问题寻求技术解决办法时，总统科学顾问委员会科学家的技术怀疑论在某种程度上被当作了一种政治歧见而不受尼克松总统及其幕僚的欢迎。

1972—1973年，当尼克松竞选连任总统成功后，他和他的幕僚们决定以缩减机构的名义停掉科学顾问职位，解散总统科学顾问委员会，撤销科技办公室，把艾森豪威尔和肯尼迪精心建立的科学顾问系统几乎彻底摧毁，把持异见的科学家赶出白宫，只有联邦科技委员会勉强存活了下来。在方案基本定下之后，尼克松总统才想起来仍然需要一个白宫官员来应对国际科技交流的需要，所以就请国家科学基金会主任兼任总统科学顾问。但这个位置已是名存实亡了，科学顾问不再是向总统，而是向总统的内政助理负责。

这个时候，有些科学家开始有些悔不当初，如果当年趁着卫星风波推动成立科技部，就不会这么轻易地让尼克松总统解散掉了，但大多数科学家仍然不认为科技部是解决问题的办法，而是致力于重建白宫的科学顾问和政策系统。于是，由国家科学院出面，成立了一个以基里安为首的专门委员会来调查此事。该委员会的结论是，在此科技时代，国家必须有一个得力的科学顾问和政策体系。鉴于总统科学顾问委员会后期的政治化倾向，基里安委员会没有提议重组总统科学顾问委员会，而是建议设立一个像经济顾问委员会（Council of Economic Advisors，简称 CEA）一样的科学顾问委员会，由几个科学家专职担任委员会委员，以协调联邦科技政策。

1974年，尼克松因"水门事件"下台后，恢复科学顾问系统的建议得到福特（Gerald Ford）总统的重视。但福特总统并不愿意搞一个经济顾问委员会那样的科学顾问委员会，也不想完全重建总统科学顾问委员会系统。他可能觉得由二十几个独立的科学家组成的委员会不好控制，但是愿意恢复科技办公室和总统科学顾问的职位。鉴于尼克松解散科技办公室和总统科学顾问委员会的教训，福特总统主张由国会专门通过一个法案来设立新的科技办公室，这样该办公室的地位就会更加稳定。在这段时间有人又重提

111

成立科技部，但支持者并不多（Schmeck，1974）。1976年，国会通过了国家科学技术政策、组织的法案，在总统行政办公室里重建科技办公室，只不过更名为科技政策办公室（Office of Science and Technology Policy，简称OSTP），并将联邦科技委员会改为联邦科学、工程、技术协调委员会（Federal Coordinating Council for Science，Engineering，and Technology，简称FCCSET），这样"四驾马车"中有三驾基本上"复活"了，只有总统科学顾问委员会没有重建。

就在联邦政府还在基于上一轮科技革命来讨论科技与国家安全等科技政策的时候，源自美国的新一轮以信息和生物技术为代表的科学技术革命在20世纪70年代已经开始并即将席卷世界。在这场革命中，像20世纪40年代到60年代以原子能和空间技术为代表的科技革命一样，最显著的特点不是科学本身的革命，而是在新的科学革命进展的基础上所延伸出来的技术革命。

第三节　案例研究："硅谷"——创业文化与技术创新

1975年，正当越南战争美国以失败告终、国内民众普遍质疑以原子能和空间计划为代表的战后科技革命时，"硅谷"第一次出现在《纽约时报》上。它标志着一个全新的以信息技术和生物医学技术为代表、以个人自由为方向的新科技革命的到来，并将深刻影响到美国和全球关于现代化和社会文化变化的理念。

在1975年1月16日的《纽约时报》上，在一个标题为"迷你型计算机在寻求新市场"的文章里，记者麦克恒尼（Victor McElheny）写道：

> 美国电子工业已经研发出极其迷你型的电子线路板，正在把多项计算机功能推广到各种地方，例如汽车、加油站、交通信号和超市收款处……英特尔公司的楼群就建在原来的一个橙园里。圣克拉拉市在旧金山湾南面，靠近圣何塞市。它是被电子工业圈里的人叫作"硅谷"的心脏，因为有很多半导体制造商在这里。1971年，半导体存储器技术发展出所谓的微处理器。这些微处理器是极小的装置，可以跟存储器结合起来在一个几平方毫米大小的硅片上制成"微型计算机"。（McElheny，1975）

除了英特尔公司，文章还提到其他公司，包括惠普（Hewlett-Packard，简称HP）和国家半导体公司，以及它们在"硅谷"以外的竞争对手，包括国际商用机器公司（International Business Machines，简称IBM）和得克萨斯州仪器公司。文章说英特尔公司1974年的销售额是1.345亿美元。当时苹果电脑公司还不存在。

1年半以后，1976年6月，当麦克恒尼重返"硅谷"时，他发现"硅谷革命"已经开始：

> 原来这里都是果园，但现在到处都是低矮的、四方形的工厂和实验室。这真不像是一个革命起源之地，但在这

　　些建筑物里的临时隔间后面工作的工程师们却相信他们
　　是革命者，相信他们的发现10年内将会影响美国人如何工
　　作、生活和玩乐。在这个现在被称作"硅谷"的地方，他
　　们设计、制造越来越小的被叫作"半导体存储器"和"微
　　处理器"的电子系统……（相关产品）已经像燎原之火一
　　样席卷消费者市场，销售量每年成倍增加，但价格却戏剧
　　性地在下降。（McElheny，1976）

　　在这个信息技术"黎明时期"的报道里，几个新科技革命的特色已
经开始涌现。创新型公司之间为了赢得消费者市场而进行激烈竞争，这
会使得技术发展更快、商品价格更低。"这五六个高度创新型公司之间
进行竞争，谁能在一个产品上搞出'第一'，就能跨越式跳跃至另一个
公司的领先地位。"这种情况与此前美国的大公司，包括一些电子公司
多依赖国防合同而不太计较成本相比是一个革命性的变化。事实上，很
多学者后来认为，"硅谷"的崛起标志着民用技术与军事技术关系的一
个逆转：冷战早期是以原子能和空间技术为代表的大型、国家政府主导
的军工"重"技术推动民用技术的发展；而从20世纪70年代开始，以信
息技术的崛起为契机和代表，民用技术成为技术革新的先锋，不仅引
起消费者市场的兴盛，而且迫使军用技术从民用技术里寻求创新和支
持。更重要的是这个新技术革命所带来的社会、文化、政治的变化。
英特尔公司董事长诺伊斯（Robert N. Noyce）认为，计算机"将无处不
在"，微电子技术"将使得社会更加非集权化"。

　　在与记者交谈时，诺伊斯把目光转向了办公室窗户外一个繁忙的
高速公路上的车流，问道："随着非集中化的计算机的迅速发展，以
及通信网络费用越来越低，再过多长时间，这样子的出行就没有必要

了？""在这些车里面的人，有百分之九十九不是在运输什么大件东西。"他说，"如果通信变得足够丰富便利，他们中大多数人都可以在家里做事。"（McElheny，1976）

苹果电脑公司及其创始人乔布斯（Steve Jobs）第一次出现在《纽约时报》上是1977年8月26日。在第10页上，有一篇题为"计算机展销会的信息：成为你街区上的第一个"的文章介绍了在波士顿举行的一个微计算机展销会。文章一开头就说：

> 计算机革命看起来是无止境的。每半年就有一个新产品问世，横扫已有的一切。最新鲜的事物是微型计算机，跟袋装计算器用一样的技术，但可以把强有力的计算机带进家庭和小企业。（在一个展台上）斯蒂夫·乔布斯正在演示苹果II型计算机。它像便携式打字机般大小，可以插到一个普通的电视机上，可以用来玩游戏、显示彩色图案或进行复杂的数学运算。乔布斯先生说，业余无线电爱好者可以用这个1 300美元的装置来计算频率跳动，投资者可以用它来表征股票价格或做期货列表。但是，乔布斯先生也说："大多数人买计算机不是为了什么实用的目的，而是想知道计算机是怎么回事。它终将成为一个消费产品，但它现在不是，程序还没有到位。"（Dembart，1977）

乔布斯的预言很快就成真了。在他领导下的苹果公司和在比尔·盖茨领导下的微软公司很快就在微机的硬件和软件上取得突破性进展，从而在20世纪70年代末掀起了一场信息技术革命。在这场革命中，大公司如英特尔、国际商用机器公司、惠普起到了不可替代的作

115

用，而且苹果和微软也迅速加入到世界上最大的公司之列，但更多的创新技术来自于像早期的苹果和微软那样的小公司，从而使得信息技术始终保持着创新的竞争性和活力。紧接着出现的互联网、网络、社交媒体和手机化技术的发展，导致爆发美国以及全球化的个人信息技术革命，并影响到从文化到经济再到政治多方位的现代社会变革。

图4-3　乔布斯和盖茨在加利福尼亚的卡尔斯巴德市举行的一个会议上接受采访（2007年）

摄影师未详。来自维基共享网站，https：//commons.wikimedia.org/wiki/File:Steve_Jobs_and_Bill_Gates_%28522695099%29.jpg，公用领域作品，2016年1月下载。

第五章

全球化和新科技革命：美国的机会与挑战

第一节　冷战的结束、反恐战和美国科技

　　"硅谷"的崛起以及信息技术革命的产生当然主要依赖于市场的力量，尤其是微机深入家庭和工作所带来的无尽商机。但这场技术革命却同样离不开美国政府直接或间接的参与、资助和管理。最早的电子公司，如国际商用机器公司和英特尔等都从联邦政府，尤其是国防部，得到大量的合同和资助来进行电子和计算机方面的研制工作。互联网本身来自军方在20世纪60年代支持发展出的ARPA网，当时的主要目的是保证在核战争期间，控制核武器发射的计算机指令系统不会被打断。如果这个系统里的计算机都通过网络联系起来，即使有的计算机被摧毁，其他计算机仍然可以通过网络发出正确的指令。

到了20世纪80年代，里根总统的"星球大战"等高科技计划尽管主要是为了与苏联军备竞赛的需要，而且遭到不少科学家的抵制和反对，但它确实影响到了美国的科技发展，甚至影响到欧洲、苏联、日本和中国的高科技计划（中国启动了"863"高技术计划）。在这个时候，美国的科技政策体制又一次成为公共政策的一个焦点。科学家们提出重建总统科学顾问委员会来制衡军事工业联合体的影响，但工业界的科学家们却更倾向于建立一个科技部来提升美国在国际上的技术竞争能力。二者均未成功。在里根总统执政期间确实是建立了一个白宫科学委员会，但它的级别比原来的总统科学顾问委员会要低。只是到了老布什的任期，才成立了一个总统科学技术顾问委员会，至少在形式上恢复了原来的"四驾马车"格局。到了20世纪90年代，在克林顿时期，这个体系又做了一些调整：联邦科学、工程、技术协调委员会被升格为国家科学技术委员会，各部部长为成员，总统亲自任主任，以示政府对科技的重视。

冷战结束后，美国的科教政策有了一定的调整，生物医学技术的发展速度加快。联邦政府采取措施激发民用技术的研发，如超高速计算机的研制等，强调科技为经济服务，由此带动了个人计算机、网络、生物技术为代表的新兴产业的崛起。美国的科技人才也进一步国际化，很多实验室的具体工作都有赖于来自世界各地的留学生。大学的科研经费也从此前的依赖联邦资助演变到多元化，尤其是来自企业界的赞助迅速增加。

2001年"9·11"事件发生后，美国的科教政策调整很大，反恐成为科技政策的重点。防御核生化武器袭击的科研投资大幅增加，极大地加强了公共卫生医疗系统，尤其是应急通信得到改善，以至于2003年SARS对美国的影响甚微。但是，"9·11"事件发生后，美国采取的签证紧缩措施一度造成了大学理工科留学生与博士后短缺，影响了科研工作的正常开展，后经一大批科学家呼吁才有改善。此外，中国和印度经济的快速增长促使美国联邦政府增加在科教，尤其是纳米科技方面的投资。2005年10月，美国国家科学院在报告《未雨绸缪》中主张加大美国在教育和物理科学上的投资，以应对来自其他国家，尤其是中国和印度的挑战。由此，美国国家科学基金会数理化工程方面的资金按计划在7年内增长1倍，对大学科研产生了较大的影响。

　　综合来看，"9·11"事件重振了美国自冷战结束后萎靡不振的国防科技工业，反恐取代冷战成为其科技政策的重点。但是，"9·11"事件所激起来的美国民族主义情绪、小布什政府的外交单边主义和新技术乐观主义又导致了美国发动对伊拉克的战争。正如美国保守派在1957年把卫星危机看作一个军事技术问题一样，美国政府在2001—2003年间也认为靠美国的军事技术优势就可以解决反恐问题，而把20世纪六七十年代越南战争的教训遗忘了。这时候，以总统科学顾问委员会前成员为首，由忧思科学家联盟组织的美国科学家开始批评小布什政府在伊拉克战争及其他问题上的政策，科学家们尤其反对小布什政府以党派政治标准挑选科学顾问，并压制联邦科学家关于全球气候变暖和医学问题上与白宫不一致的言论。

第二节　奥巴马时代科技战略的调整

2008年的美国总统大选是一次历史性的选举：第一次出现少数族裔和女性候选人成为强劲的总统候选人。[①]在11月4日大选日，民主党候选人奥巴马（Barack Obama）击败共和党候选人麦凯恩（John McCain），成为美国第44任总统，也是美国历史上第一个非洲裔总统。毫无疑问，奥巴马的当选得益于少数民族选民，包括非裔、拉丁裔和华裔以及其他亚裔选民的大力支持，而且他们也都为奥巴马的当选感到欢欣鼓舞。有一个团体对奥巴马的支持不亚于上述选民，而且他们对他的当选同样感到欢欣鼓舞，这个团体就是美国的科学家共同体。在小布什总统任期内，很多科学家不满他的共和党政府以政治和意识形态歪曲、压制科学研究，在干细胞、全球气候变暖、进化论教学等问题上屡次发生冲突。虽然麦凯恩试图在很多方面与小布什划清界限，但科学家们显然更被奥巴马旗帜鲜明地支持科学探索自由的立场而吸引。在竞选中，奥巴马曾发表下列有关科技政策的竞选宣言：

> 我们只有兑现对科学、技术和创新的承诺，才能实现重大国家目标。对科技的投入会振兴经济发展，创造数

---

① 王作跃著作中有关于奥巴马时代的科技政策讨论部分内容（王作跃，2010）（王作跃，2011）（Wang, 2015）。

百万高技术、高薪资的工作机会，让美国工人领先全球经济；会让所有美国人都改善生活质量；并会巩固我们的国家安全。节能技术能帮助我们结束对外国石油的依赖并减缓全球变暖。生物医学研究上的进展能够诊断、预防、治疗疾病，从而提供救治生命的途径。美国经验的精髓就表现在一种深入探索未知、扩展人类知识边界的渴望……我们需要结束小布什政府对科学的战争——他们用意识形态压制科学探索，用政治取代专家意见。

选举前夕，有76位诺贝尔科学奖获得者（包括华裔科学家崔琦和钱永健）在一份公开信上签名，支持奥巴马并呼吁选民投票支持他。在信中，科学家们赞赏奥巴马重振美国科技的决心，并特别提到他强调要建立一个"无偏见的获得科学咨询的过程"。

大选过后，奥巴马基本上兑现了他对科学和科学家的承诺。他在科技政策上的第一个重大举措就是任命华裔物理学家朱棣文（Steven Chu）为能源部长。朱棣文不仅是1997年诺贝尔物理学奖得主，而且是国际上积极呼吁采取措施减缓全球气候变暖的著名科学家，因而奥巴马对他的提名受到了大多数美国科学家的支持。在2008年12月15日的提名新闻发布会上，奥巴马特别指出："他（朱棣文）的任命应该给所有人发送这样一个信息，即我的政府将重视科学。我们将以事实为基础制定政策，而且我们认识到，知晓事实就要采取果断的行动。"紧接着，奥巴马任命物理学家霍尔德伦（John Holdren）为他的科技顾问、白宫科技政策办公室主任和总统科技顾问委员会共同主席。霍尔德伦像朱棣文一样是关注全球气候变暖问题的积极分子，而且长期参与国际核军备控制。他的任命同样受到了美国科学共同体的大力支持。

图5-1　奥巴马总统（中间）在白宫会晤总统科技顾问霍尔德伦（左）和能源部长朱棣文（右）（2012年5月7日）

摄影师Peter Souza，白宫官方照片。来自白宫在www.flickr.com网站上的频道，https://www.flickr.com/photos/whitehouse/7365530458/in/photolist-9bBdFG-9chSab-9k2JBw-cdSgAs-8cvsH3-exhQsi-fqiAQk，公用领域作品，2016年1月下载。

在2009年1月20日的就职演说里，奥巴马郑重宣告"我们将恢复科学的应有地位"。正如物理学家帕克（Robert Park）所言："在经历了8年压制之后，奥巴马总统就职演说里的这段话就像打了激素一样提起了每一位科学家的精神。"到了4月份，奥巴马骄傲地在美国国家科学院宣布，他的政府通过了"美国历史上最大的一次提升基础研究投入"的政策，并表示要使研发投入"不光要达到，而且要超过空间竞赛高潮期的水平"，这赢得了科学院院士们的热烈掌声。同时，在外交政策上，他一改小布什任内的单边主义，倡导外交对话解决分歧，并呼吁全球携手向核裁军努力，从而获得2009年度诺贝尔和平奖。如果艾森豪威尔和他的总统科学顾问委员会里的科学家们还活着的话，他们会为奥巴马感到骄傲的。

　　当然，奥巴马上任时面对的是美国乃至全球自大萧条以来最严重的经济危机，伊拉克和阿富汗两个战场的战争，全球气候变化的严峻形势，以及其他严重的国内国际问题。他的科技环境政策可以说是理想与现实的结合，而且他和他的科技顾问们对科技的潜力和局限性都保持了比较清醒的头脑。例如，在能源与环境问题上，奥巴马和朱棣文既坚持科技的重要性，又不对技术盲目乐观。他们认为要应对全球气候变暖，既需要发展新技术，也要改进现有技术，尤其是要改进现有能源的利用效率。

　　朱棣文在执掌美国能源部期间（2009—2013年）关注清洁、替代能源技术，并大力呼吁提高能源的利用效益。他认为，世界上最好的能源是节省下来的能源。他还效仿当年冷战时期国防部的科技创新做法，建立专门机构以进行和资助能源领域的高级应用研究，尤其是注重开发新的高效电池和设计新的安全核电站。这些措施得到很多科技人员，包括微软的盖茨的认可。朱棣文还支持把大学和国家实验室建成能源研发、创新的中心。但华盛顿的党派政治斗争肯定对他的科学理念有很大冲击。2013年他从奥巴马政府辞职，回到斯坦福大学继续进行能源和生物技术的研究（Davenport，2013）。

　　2008年以来的经济衰退和财政赤字危机以及奥巴马民主党政府的上任，对美国科技战略有重大影响：奥巴马政府试图大幅度增加联邦政府在科技、教育、基础建设方面的投资，尤其是促进节能、清洁能源技术的发展，试图以此刺激经济发展来应对经济衰退，力图使美国经济能有长远发展的后劲，并以此来应对全球化所带来的美国的失业问题和全球气候变暖问题。但因为财政赤字危机和国会里共和党人的阻挠，奥巴马政府的科技战略的实施受到很大限制。2010年国会选举中，共和党人尤其是极右派的候选人在选举中得势，更加使得民主与共和两党党争激烈，严重阻碍了美国科技政策的制定，给奥巴马推行其各项政策，尤其是应对气候变化方面的措施，造成巨大障碍。

在这种情况下，奥巴马试图通过重提美国冷战时期在空间科学竞争上的辉煌历史来振兴民心，再建两党共识，推进科技教育投资。像艾森豪威尔当年一样，奥巴马不认为美国所面临的挑战，尤其是中国和印度的经济崛起所带来的竞争是军事上的。他认为这更多的是对美国科技、教育的挑战，从而提出在这些领域的应对措施，尤其是在清洁能源上。他在2011年国情咨文里提出，美国现在又一次遇到了"我们的苏联卫星时刻"，呼吁国会加大科技教育投资（Obama，2011）。

奥巴马在第一任期里最大的成就是推行医疗保险改革并获成功。尽管该法案最后因政治原因有不少妥协，但成为美国在社会福利制度方面实现现代化的一个最主要组成部分，对推动全民健康保险、推广新医疗信息技术、降低医疗费用都有好处。另外，奥巴马政府还推动美国开发自身能源，包括太阳能和风能，也帮助工业进行页岩油开发，以使美国初步达到能源自给。但这些成功的代价是其他重要议题（例如应对气候变化）因两党共同的抵制以及经济危机的影响而被搁置起来。奥巴马在2012竞选连任成功之后，又一次把应对气候变化放到议事日程上来。他在连任就职演说里强调："我们将应对气候变化的威胁，如果不采取措施应对气候变化就是对我们的孩子和后代的背叛。"（Obama，2013a）几个星期后，在国情咨文里，奥巴马重申：

> 但是为了我们的孩子们以及我们的未来，我们必须在防止气候变化方面做得更多……我们可以选择相信，桑迪飓风、几十年来最严重的干旱，以及一些州所遭遇到的最

具有毁坏性的野火的同时发生不过是个怪异的巧合。我们也可以相信科学的压倒性判断，并且现在就开始行动，为时未晚。（Obama，2013b）

他在演讲中列举了一系列政府应对气候变化将要采取的具体措施。在总统科技顾问委员会的鼓励下，奥巴马还在国际上积极推动应对气候变化。2014年11月，趁着在北京参加亚太经济合作组织领导人会议的机会，奥巴马代表美国政府和中国政府达成一项重要协议，双方都定下在一定期限内将要完成的减排目标，成为国际应对气候变化的一个关键步骤（Landler，2014）。这个协议为2015年底最终在巴黎达成的全球气候变化协议奠定了基础（Davenport，2015）。

2016年，美国共和党总统候选人特朗普（Donald J. Trump）以"美国优先"为口号，通过选举人多数票（尽管在总投票数上未能达到多数），击败了奥巴马所支持的民主党候选人希拉里，成为第45任美国总统。他的当选和英国脱欧被广泛认为是美国和欧洲选民对全球化趋势的一种抵制。特朗普2017年1月就任总统，他在科技、环境和其他很多方面采取了与奥巴马政府相反的保守政策走向，例如撤销奥巴马签署的限制发电厂排放温室气体、提高汽车能耗效率的命令，在向国会提交的联邦预算里，大规模缩减环境保护署、国家卫生研究院等部门的经费，并冒天下之大不韪而使美国退出巴黎气候协议，受到了美国科学家共同体和公众的广泛抗议（Mervis，2017）。尽管特朗普的总统任期还没有结束，但几乎可以肯定的是，特朗普政府与美国科学共同体的紧张关系将达到甚至超过小布什时代，而他的政策对美国科技创新的影响还有待观察。

第六章
科技革命与美国现代化进程
及其对中国的启示

　　本书着重从跨国科技史的视角研究科技革命与美国的现代化进程，介绍在美国殖民时期和建国早期，科学革命和共和主义对美国革命的影响，用技术系统的概念来考察19世纪末美国的技术革命，以及20世纪至今的科技革命和现代化所带来的社会文化变迁。我们看到美国科学在20世纪20年代和30年代的崛起，并不完全是因为欧洲犹太裔流亡科学家在20世纪30年代中后期抵美才实现的，而是因为美国在20世纪初，在工业革命成功的基础上就加强了大学科研机构的建设。美国科技的成功尤其得益于非政府基金会的资助和独立于政府的、强调竞争机制的大学管理体制。美国通过本土教育和留学来培养科学人才，并对这两种人才一视同仁、任人唯才，抓住新兴量子力学科学革命而一跃到科学前沿。流亡科学家的到来与其说是雪中送炭，不如说是锦上添花，尽管他们确实对美国后来的科技发展做出了重大贡献。

　　这个史实的澄清应该对许多发展中国家包括中国的科技教育政

策有所启发：大家都知道派遣留学生和从国外引进人才的重要性，但容易忽略本土建设的关键作用，容易忽视对本土人才与留学人才一视同仁的政策所体现出来的自由公平竞争的精神对科学发展所起到的巨大的推动作用，以及科学资助多种渠道来源、科研院所自主性的重要性。如果能够多方面并重，一方面筑巢引凤，一方面采取平等、任人唯才的国际化人才政策，以及重视制度建设，摒除科学和学术之外的因素对科研教育机构的影响，抓住科技革命的契机，那么科技对整个社会的现代化进程的作用会更加显著。

曼哈顿工程可以说是20世纪科技革命和美国现代化联系最密切的一个标志，是美国科学最著名的成就，但它的意义不仅于此。它实际上促生了以科技工业和军事组织结合为特征、以国际科技交流为基础的一场战后大科学革命，深刻地影响了第二次世界大战后和冷战时期美国国内和国际科技及国家现代化进程，导致国际科学美国化和美国科学国际化。这方面的一个案例就是中国在20世纪50年代和60年代通过上千名留美学生回国所带来的影响力，以及几千名中国留学生、学者和技术人才留美以后对美国科技所产生的影响。美国科技通过广泛的国际交流，一方面使得美国可以尽快吸收世界各地的基础研究成果并转化为科技产品，助推美国的持续现代化，另一方面也是美国保持世界科技领先地位的方式。

从本书所考察的美国应对科技革命和实现现代化的历程来看，其中的一个关键点是联邦政府的科技政策制定体系及其科学和战略咨询体制的建立和完善。而当代美国的科技战略、科技战略咨询体制和模式是和美国多元的政治、社会体制密不可分的。如前所述，美国现代科技政策和咨询体制是从第二次世界大战开始建立起来的。二战中，凡尼瓦·布什担任科学研究和发展署主任，同时成为罗斯福总统事实上的科学顾问。1957年苏联卫星上天，艾森豪威尔总统任命麻省理工学院院长基里安为第一个正式的总统科学顾问，并成立了一个主要由政府外科学家组成的总统科学顾问委员会，为总统和总统科学顾问提供科技政策和战略咨询。该委员会由温和派科学家组成，就核军备竞赛和控制、空间计划、科技资助等方面给出了独立的、专业的、批判性的评估，深得艾森豪威尔总统的重视。总统尤其赞赏该委员会关于技术在解决社会政治问题上的局限性的阐述。另外，政府内部组织了一个联邦科技委员会，由联邦各部门的科技负责人组成，用来协调政府内部科技政策的实施。这个科技政策和战略体制经过一些改动，一直延续到奥巴马任期结束。 总之，美国的科技政策和科技咨询体制是美国科技革命和国家现代化的一个重要组成部分，因此值得在此对其做一个综合介绍，也许对中国正在进行的相关体制改革有借鉴作用。

从艾森豪威尔到奥巴马，就美国科技政策和战略体制的运作整体来讲，行政部门尤其是总统办公室占主导地位，但同时又受到国会和社会利益集团的影响和牵制。政府行政部门的科技战略体制中，总统为最终的决策者，但核心人物是总统科技顾问。总统科技顾问负责领导白宫科技政策办公室，协助总统制定和协调政府的科技政策及战略。他还协助总统领导国家科技委员会，其成员包括各个重要部门的负责人，以协调一些跨部门的重大科技战略举措。而科技战略的实施主要是通过每年的联邦总预算和各部门的预算方案，因为这些预算方案必须得到国会的批准，国会也就成了美国科技战略体制的一个重要组成部分。

美国总统科技顾问也是美国科技战略咨询体制的核心人物。理论上，科技战略咨询可以按内容分成科技资助和科技使用两部分，也可以按照来源分为政府内和政府外两类。政府内的咨询来源于白宫总统科技政策办公室的各项研究、各部门的科技领导人向总统提出的建议，以及各个国家实验室就科技发展方向所做的研究。从政府外获得科技战略咨询的一个主要渠道是总统科技顾问委员会，由它来整合这些咨询意见并通过总统科技顾问提交给总统和政府。奥巴马的总统科技顾问委员会设有两个共同主席，其中一个由总统科技顾问兼任，成员有20位，主要来自各大学及企业的知名科学家、工程师、科技教育管理者和企业家。这些人一般在自己的领域有很高的声誉，有很强的行政经验和能力，熟悉政府的运作。例如2016年的成员包括莫利纳（Mario Molina）（UCSD化学教授、诺贝尔奖获得者）、施密特（Eric Schmidt）（谷歌董事会主席）和沙尔（Barbara A.Schaal）（华盛顿大学生物教授）。

在实际运作中，科技资助和使用与政府内外的咨询经常是混合在一起的。例如，奥巴马总统科技顾问委员会的报告经常涉及对政府科技项目的考察和评估，而且会对科技资助和使用都给出建议。奥巴马总统科技顾问委员会的报告包括纳米技术（2010年3月）、流感疫苗（2010年8月）、中小学科技教育（2010年9月）、能源技术（2010年11月）、健康信息技术（2010年12月）、网络信息技术（2010年12月）、高级制造（2011年6月）、环境资本（2011年7月）、美国研究体制（2012年11月）、气候变化（2013年3月）、赛博安全（2013年12月）、大数据与隐私（2014年5月）、抗生素抗药性（2014年9月）、私人企业如何适应气候变化（2015年11月）、技术与城市的未来（2016年2月）、晚年的独立、技术与联络（2016年3月）、刑事法院中的法医科学（2016年9月）、生物攻击防卫（2016年11月）、保障饮水安全的科技（2016年12月）、如何保障美国在半导体领域保持长期领先地位（2017年1月）等。①

奥巴马总统科技顾问委员会的环境资本报告可以说有一定代表性。报告指出，生态系统和它们所包含的生物多样性是人类的"环境资本"，它们所提供的"生态系统服务"对人类经济活动和环境健康都是至关重要的，但近年来受到了各种人类活动，尤其是全球气候变化的威胁。报告建议美国政府把其几十个现有的环境监测项目整合起来，加入新信息技术，建立一个"四年一次生态系统服务趋势评估"体系，这样既可以增加现有科技环境信息在政策制定中的利用效率，又可以推进该领域的发展（PCAST，2011）。

另外一个奥巴马时期的重要科技政策文件是2012年发布的总统科技顾问委员会报告——《转变与机会：美国研究体制的未来》。报告提出了一些极具价值的新的关于科技政策的思考。例如，报告认为，政府应该支持基础研究，但基础研究与应用之间的联系不是原来大家所设想的一种线性相关，即基础研究一定会引出应用研究并出现产品。新的认识是，两者之间的联系一般是不直接的，不可预测的，但一旦发生联系可能会引起革命性的影响：

> 如果想要实现科技的所有社会效应的话，政府必须采取补助政策来支持大部分的基础研究。这正是布什在其富有影响力的报告《科学：无尽的边疆》里面所得出的结论。该报告在1945年7月提交给了杜鲁门总统。布什的著

---

① 奥巴马总统科技顾问委员会的报告可以在美国国家档案馆为奥巴马总统任期所设立的网站上下载：https://obamawhitehouse.archives.gov/administration/eop/ostp/pcast/docsreports.

名报告和全国对其所做的反应把科技基础研究与国家繁荣
"联系了起来"。专家们现在意识到，研究的益处并不是
来自于一个线性的演进，即在某个领域的基础研究会在同
一个领域衍生出应用研究、开发和产品。事实上，基础研
究会点燃整个创新生态系统，而且经常是以一种不可预料
的方式。（PCAST，2012）

　　该报告还提到量子力学、原子结构基础研究引出了微电子和计算
机，纯数学和计算机科学为互联网以及很多当代大公司的业务奠定了
基础，基础科研还催生生物医学的发展。该报告还指出，研究型大学
是这个创新生态系统中的重要活动中心，所以美国政府应该是这些基
础研究中心的"耐心的投资者"（PCAST，2012）。

　　最后，该报告提出，在第二次世界大战之后的一段时期，美国
的国民生产总值占全球的百分之五十左右。所以，美国政府不仅鼓励
世界各国进行基础研究，而且自己也投入大量人力及物力进行基础研
究。正如巴丁在20世纪60年代初所言：在美国占世界经济技术如此大
比例的情况下，世界上任何地方的基础研究成果都会被美国最先利用
起来，因为它领先世界的技术能最快吸收这些基础研究成果并转化为
产品。也就是说，美国当时的科技现代化模式是在全球范围鼓励基础
研究但同时发挥自身的技术优势从而保持世界领先水平。但到了21世
纪初，整个全球经济形势已经发生了重大变化：美国经济现在占世界
的比重不到四分之一。在这种情况下，不仅美国的企业，甚至美国政
府都不会再不计代价地进行基础研究方面的投资。因为基础研究的投
资所衍生出的应用技术、所点燃的革命性科技创新生态变化，现在是
惠及全球的，而且很有可能让竞争者（如中国和印度）抢先利用并

转化为与美国竞争的产品。那么，这种情况所产生的一个严重后果就是：没有人、公司及政府会愿意大力投资基础研究，就像一个村庄里没有人会主动地维护村边大家共有的草地一样，尽管大家都去这个草地放羊，或者像人类共有的地球大气一样，大家都往里面投放温室气体而没有人会自愿去减排。这将导致产生一个"零和的世界，没有国家愿意为未来而投资于长期的基础研究，但所有国家都会拼命争夺越来越少的、源自从前投入所得来的利益"。对此，奥巴马的总统科技顾问委员会认为最好的解决办法是由美国政府联合各国政府一起倡议大家共同来投资基础研究，并制定一系列规范来方便各国科学家在政府的资助下进行合作研究，以便解决人类共同面临的例如气候变化这样的全球性问题（PCAST，2012）。

总统科技顾问委员会的各项专题研究一般是通过其工作组具体组织，而工作组一般是由一个或两个总统科技顾问委员会成员担任组长或共同组长，但组员大多不是总统科技顾问委员会成员，而是临时从全国各地请来的、在该专题领域内的顶尖专家。如"环境资本"工作组由沙尔和另一位总统科技顾问委员会成员担任共同组长，但其他14位组员中只有3位是总统科技顾问委员会成员。全部组员有三分之二是大学教授，三分之一是来自企业和非营利组织的专家。

总统科技顾问委员会工作组在调查过程中还会与政府各部门的相关人员密切互动，收集资料，听取建议。在很多情况下，工作组在与政府官员的互动中，已经把很多政策建议直接反馈给后者。也就是说，在正式的报告完成之前，很多有益的具体科技政策咨询已经流向了政策制定者，从而对政策制定产生影响。但正式的总统科技顾问委员会报告在工作组完成之后，要提交总统科技顾问委员会来讨论修改，因为工作组一般会代表某个领域的意见，可能有偏见或局限性，而总统科技顾问委员会会从大局、各学科、整个政府的角度考虑，对报告进行修改，然后再提交总统，一般会公开发表。科技政策办公室提供对总统科技顾问委员会的行政支持。

在总统科技顾问委员会的大力支持下，奥巴马政府在其任期内制定了一系列"大挑战"科技计划，包括脑计划、太阳能、应对陨星威胁和援外发展。总统科技顾问委员会认为纳米技术也是美国科技发展的一个重点。在2014年的一次会议上，总统科技顾问委员会指出，纳米技术已经从科研走向产品，国际竞争愈加激烈，中国和欧洲在该领域研究的文章数目已经超过了美国，而且现在出现了越来越激烈的人才争夺战，建议美国政府要更注重人才的吸引和培养。另外，总统科技顾问委员会还在2014年的一个报告里警告政府抗生素的抗药性已经大大增强了，还指出这个问题来自人和动物（畜牧业）对抗生素的滥用，并提出三个方面的措施：监视、负责任的管理以力图减少抗生素的滥用、研发新抗生素或其他治疗法。最后总统科技顾问委员会还建议政府增加投资，加强在这个问题上的协调（PCAST，2014）。

值得一提的是，美国国家实验室系统在美国国家战略科技力量布局中所占的重要地位。严格意义上的美国国家实验室是指隶属于美国联邦政府能源部的17个国家实验室，这些实验室既包括核武器研制、核能和清洁能源研发、环境保护等应用型的实验室，如洛斯阿拉莫斯（Los Alamos）、利弗莫尔（Livermore）、桑迪亚（Sandia）等，也包括高能物理和多学科综合型的基础研究实验室，如费米（Fermi）、SLAC、布鲁克海文等，它们作为一个系统是美国国家战略科技力量布局中最重要的一个环节。该系统有57 600名正式员工，包括20 000多名科学家与工程师，2015年全年经费为138亿美元。

值得指出的是，隶属于联邦健康和人类服务部的国家卫生院也拥有多所生物医学领域的研究所，在广义上可以看成是在该领域内的美国国家实验室系统，也是美国国家战略科技力量布局中最重要的一个环节。

国防部、商业部、农业部、航空航天署和国家科学基金会也有大量的研发单位，其中既有应用研究和开发型的，尤其是国防部的军事研发单位，也有专注于基础研究的，例如国家航空航天署所参与的天文学和天体物理的研究。这些单位里也有不少实验室，例如国家航空航天署的JPL实验室，可以被认为是广义的美国国家实验室系统的一部分。而美国国家科学院所属的国家研究委员会虽然是私人组织，但有大量专职人员来协助国家科学院组织全国各领域专家，包括国家实验室成员，组成小组为联邦政府各部门提供科技咨询意见。

美国联邦政府一般把研发分为三个部分：基础研究、应用研究和开发。从国家科学基金会2016年公布的数据来看，2013年美国全国研发总支出为4 560亿美元，主要（80%以上）在开发和应用研究方面，小部分在基础研究（18%）方面。在从事研发的单位里，私人企业占比例最大，大约为三分之二，然后才是高校和联邦政府。在这三个主要研发队伍里面，企业和高校分别占据研发链条的两个顶端：企业是开发的主要单位，占开发经费的88%，而高校是基础研究的重镇，占基础研究总支出的51%。

联邦政府通过其国家实验室系统和其他措施在整个研发中占据了中心地位：联邦经费是很多私人企业和高校研发经费的来源；它的国家实验室系统保证了国家科技战略布局突出重点（如核武器和清洁能源研发）、稳定机构、各学科以及基础与应用之间的平衡实施。国家实验室系统的特色是它不仅能够兼顾基础和应用研究以及适量的开发工作，而且能够通过与高校和企业的联系（能源部的实验室大多数是由政府出资，由大学或企业管理）来推动教育（尤其是研究生教育）的发展和某些产品（例如互联网）的开发。

美国能源部2017年发布的一个报告认为："国家实验室是美国研究事业必要的、独特的和不可或缺的一部分，通过合作和伙伴关系与大学、公司和其他国家的研究者一起，创造新知识，驱动创新，并应对当代最急迫的科技难题。国家实验室要解决的是我们的时代的关键性科学挑战——从应对气候变化到发现我们宇宙的起源再到不用核试验也能理解核威慑。它们拥有独特的仪器和设备，其中很多是世界其他地方没有的。它们运用多学科方法，重视从基础科学到创新的转变来面对大规模、复杂的研发挑战。"

简言之，美国的国家实验室系统，尤其是能源部在物理科学方面的实验室和美国卫生研究院在生命科学方面的各研究所，既保证国家在国防、健康等方面重点项目的实施，也协调、平衡了全国科技研发、教育、创新体制，从而成为美国战略科技布局中最重要的一个环节。

美国科技政策和科技战略咨询的另一个重要渠道是半官方的美国国家科学院系统（包括科学院、工程院和医学院）及其所属的国家研究理事会所做出的大量的、高水平的、非官方的有关科技、环境、医学、教育等方面的调查报告。这些报告一般是科学院、工程院、医学院为某个政府部门通过合同方式所进行的调查研究，由国家研究理事会具体组织。调查研究小组一般有院士参加，但大部分成员是非院士的各领域专家。报告完成以后公开出版。有时候科学院系统也会以这种方式对某个政府研究机构，包括国家实验室进行评估。另外，因为科学院系统比总统科技顾问委员会在学科上更有代表性，所以经常还会就各学科的发展趋势、优先项目安排、所需经费资助等做出评估，对联邦政府科技资助系统，包括美国国家基金会和国家卫生研究所尤为有用。

最后，在美国还有大量的私人智囊机构，例如兰德公司，会就各种公共政策问题，包括科技战略问题，为政府提供咨询研究。而且国会经常就科技政策和战略问题举行的听证会也使得多种不同的声音反映到公共政策的制定中来。

总体来讲，美国的科技战略咨询模式具有多元、深入、广阔、专业性强、相对独立、公开透明等特点，在运行顺利的时候，能够就科技发展的潜在问题和机会向决策者提供雷达一样的前瞻性建议。总统层面的、独立于各部门的科技政策和战略咨询尤其重要，因为各部门的政策建议经常是基于自己的部门利益而做出的。另外，美国的科技政策和战略咨询体制通过公开发表大量的咨询报告，对凝聚社会共识及新政策的实施起到很大的推动作用，是美国民主制度运作中一个不可缺少的部分。

但是这个系统的成效在很大程度上取决于总统或执政党是否重视科学技术及其与科学共同体的关系。简略地讲，温和派的共和党、民主党总统和科学共同体关系良好，其任内的科技战略咨询体系运转也比较顺利，如艾森豪威尔、肯尼迪、老布什、克林顿、奥巴马。相反，当总统与科学共同体矛盾很大时，如尼克松、里根、小布什和特朗普任内，则出现科技顾问或顾问委员会被忽视或因为政治因素而被任用或解雇，顾问委员会成员公开反对总统的某项政策等现象。特朗普任总统以后，到2017年仍然没有任命总统科技顾问或延续总统科技顾问委员会。也许当美国遭遇重大科技危机时，才能促使特朗普改弦更张，或至少希望在他离开白宫之后他的继任者能够认识到科技决策和咨询体制对美国乃至世界发展的重要性，像老布什总统一样恢复艾森豪威尔总统所建立起来的行之有效的总统科技体制。

　　科技政策的政治化可能也是一个民主社会不可避免的一部分，而且会由此产生对科技与社会、政治的关系的争论。另外，由科学家们来评估各个学科的优先发展顺序经常会产生科学共同体内部自我利益的冲突，尤其是在国会议员因为本选区的利益而参与科技政策的制定时。这类矛盾最终可能只能通过评估程序更公开透明化和更严格的回避制度来减少。

　　值得指出的是，中国科技决策和咨询问题在2010年之后引起了政府高层的关注（王作跃，2016）。例如，中共中央总书记、国家主席习近平在2016年5月30日举行的全国科技创新大会上的讲话中所强调的一个主题就是建立、健全科技创新所需要的决策和咨询体制。习近平主席在会上指出："要以推动科技创新为核心，引领科技体制及其相关体制深刻变革。""要加快建立科技咨询支撑行政决策的科技决策机制，加强科技决策咨询系统，建设高水平科技智库。"这里值得注意的是，他说的不是"改革"或者"完善"，而是要"建立"，这意味着在中国还没有一个用科技咨询来支撑行政决策的科技决策机制。习近平主席还强调，这样的科技体制改革是要"解决好实际存在的部门领导拍脑袋、科技专家看眼色行事等问题"。（习近平，2016）问题说得很具体，确实也反映了当下的现实：决策经常不够系统化，没有听取专家意见，没有足够重视国际科学共识，这在应对气候变化这样的重大科技决策问题上应该说是有所体现的。

　　针对中国关于科技创新、科技体制改革、科技咨询系统的讨论，也许本书所介绍的美国科技决策和咨询体制的历史可以为大家提供一些例子和可借鉴的经验教训及制度性的反思。毕竟，要进行科技体制改革，建立科技咨询，就要保证科学家在决策中的角色，这个方向是对的，但是这些可能还不够，因为科技创新不只是科学家的问题。创新跟教育系统是连在一起的，教育系统要有创新又是跟整个社会文化的创新联系在一起，而整个社会要有一种创新文化又和政治制度联系在一起。要鼓励独立见解的话，又和法治对于言论自由的保障联系在一起。

中国科学家在1962年的广州会议上就曾建议设立国家"科学顾问团"，以避免"大跃进"时期所出现的违反科学规律的做法重演，但没有得到落实。"两弹一星"工程的成功在很大程度就是因为在国防科技工业系统建立起了一个有效的科技战略咨询体制。改革开放以后，各项科技事业和科技政策体制得到迅速发展，但一个国家层面的科技政策和战略咨询体制仍然有待进一步健全。

一般学者认为，中国的科技体制条块分割比较严重，有科技部、中国科学院、教育部所属各大院校、国防科技系统以及各部委研究机构，互相之间沟通、协调不够。反映到科技政策和战略咨询上来，基本上在各自系统内部进行，除了制定中、长期科技规划外，国家层面上的统筹不足。全国人民代表大会在科技政策和战略咨询方面也有很大的发挥余地。当然，美国和其他国家在这方面也有问题，但在奥巴马时期美国总统科技顾问、白宫科技政策办公室和总统科技顾问委员会的存在对解决这些问题有很大帮助。

另外，与美国相比，在中国从事科技战略咨询的人员大多来源于政府体制内部，如科技部、科学院和高校，缺乏独立于中央政府机构的咨询来源，也少有私人公司、智囊机构或非营利组织参与。这样的一个可能结果就是科技政策和战略咨询的独立性和多元性不够，利益冲突较多。从事科技政策和战略咨询的人员专业素质、视野和数量也有待提高。

　　要建立、健全中国的科技政策和战略咨询体制，可以考虑走循序渐进的途径，在某个方面先进行改革试点，取得成功经验以后再扩至其他领域。例如，中央政府可以考虑设立一个相对稳定的国家科技顾问委员会，下设几个工作组，就政府重大科技问题进行跨部门、跨学科的调查研究。整个过程应该尽可能公开、透明，减少或避免个人或部门利益冲突。国家科技顾问委员会的成员应该挑选视野宽广、公正无私、专业懂行的科学家、工程师或管理者担任，也可以从工作组里涌现出来的优秀成员中遴选。

　　中国科学院与美国科学院有很大的不同，但不妨尝试组织院内外专家（不一定都是院士）对国家重大科技问题进行调研，提出公开咨询报告。另外，科学院应该利用其学科齐全的优势，多进行跨学科、交叉学科的科技战略咨询。最后，科学院还可以利用已有的科学、工程、科技管理、科技史等方面的优势，大力加强科技战略咨询方面的基础研究和人员培训，不仅培养出科技战略咨询方面的专业人才，而且对科学家们进行必要的科技战略咨询方面的训练，以使得他们在参与这方面工作时有充分的准备。

　　总之，从美国科技革命和国家现代化的历史，尤其是第二次世界大战以来的历史来看，科技的发展、科技政策和战略咨询体制的建立是与一个国家的经济社会政治体系有密切的关系，也是现代民主、创新型国家发展的一个重要组成部分。中国完全可以借鉴美国和其他国家的经验教训，通过改革、试验、国际交流，建立、健全自己的科技政策和战略咨询体制，推动科技发展，为建设一个民主、文明、创新型的现代化国家服务。

参考文献

江才健, 1997. 吴健雄:物理科学的第一夫人 [M]. 上海:复旦大学出版社.

梁东元, 2007. 596秘史 [M]. 武汉:湖北人民出版社.

罗斯托, 1962. 经济成长的阶段:非共产党宣言 [M]. 国际关系研究所编译室译. 北京:商务印书馆.

钱临照, 谷羽, 1994. 中国科学院 [M]. 北京:当代中国出版社.

钱三强, 1994. 钱三强文选 [M]. 杭州:浙江科学技术出版社.

王作跃, 2004. 华裔美国科学家和美中科学关系:从尼克松到李文和 [G] // 孔秉德, 尹晓煌. 美籍华人与中美关系. 安金辉, 译. 北京:新华出版社:239-262.

王作跃, 2005. 为什么美国没有设立科技部? [J]. 科学文化评论, 2 (5):36-49.

王作跃, 2007. 当代美国科教政策的变迁:从卫星危机到911 [N]. 科学时报, 2007-09-04 (B4).

王作跃, 2011. 在卫星的阴影下:美国总统科学顾问委员会与冷战

中的美国 [M]. 安金辉, 洪帆, 译. 北京: 北京大学出版社.

王作跃, 2016. 冷战时期到奥巴马时代美国科技决策咨询研究 [N]. 文汇报, 2016-09-30 (7).

习近平, 2016. 为建设世界科技强国而奋斗——在全国科技创新大会、两院院士大会、中国科协第九次全国代表大会上的讲话 (2016年5月30日) [EB/OL]. (2016-05-31) [2016-08-03]. http://news.xinhuanet.com/politics/2016-05/31/c_1118965169.htm.

熊卫民, 2017. 对于历史, 科学家有话说: 20世纪中国科学界的人与事 [M]. 北京: 东方出版社.

杨庆余, 2009. 美国物理学的转型、崛起及其给我们的启示 [J]. 自然辩证法研究, 2009 (4): 83-89.

姚大志, 2012. 福曼新命题: 后现代转向及其对当代科技史的影响 [J]. 中国科技史杂志, 33 (3): 296-302.

张柏春, 姚芳, 张久春, 等, 2004. 苏联技术向中国的转移, 1949—1966 [M]. 济南: 山东教育出版社.

赵佳苓, 1984. 美国物理学界的自我改造运动 [J]. 自然辩证法通讯, (4): 29-80.

AGAR J, 2012. Science in the twentieth century and beyond [M]. Malden, MA: Polity Press.

ALLEN G, 1978. Thomas Hunt Morgan: the man and his science [M]. Princeton, NJ: Princeton University Press.

AMALDI E, 1948. Notes from abroad: Italy [J]. Physics Today, 1 (5): 35, 37.

ASH M, 1999. Scientific changes in Germany 1933, 1945, 1990: towards a comparison [J]. Minerva, 37: 254-329.

BADASH L, 1979. Radioactivity in America: growth and decay of a science [M]. Baltimore: Johns Hopkins University Press.

BADASH L, 2000. Science and McCarthyism [J]. Minerva, 38: 53-80.

BALL P, 2014. Serving the reich: the struggle for the soul of physics under Hitler [M]. Chicago: University of Chicago Press.

BARTHOLOMEW J R, 1997. Science in twentieth century Japan [M] // KRIGE J, PESTRE D. Science in the twentieth century. Amsterdam: Harwood Academic Publishers: 879-896.

BARTHOLOMEW J R, 2003. English-speaking world [M] // HEILBRON J L. The Oxford companion to the history of modern science. Oxford: Oxford University Press: 261-265.

BEDINI S A, 2001. Jefferson, Thomas [M] // ROTHBERG M. History of science in the United States: an encyclopedia. New York: Garland Publishing: 290-292.

BERNSTEIN J, 2001. Hitler's uranium club: the secret recordings at Farm Hall [M]. New York: Springer-Verlag.

BEYLER R H, LOW M F, 2003. Science policy in post-1945 West Germany and Japan: between ideology and economics [M] // WALKER M. Science and ideology: a comparative history. London and New York: Routledge: 97-123.

BRUSH S G, 1976. Irreversibility and indeterminism: fourier to Heisenberg [J]. Journal of the history of ideas, 37 (4): 603-630.

BRUSH S G, 1988. The history of modern science: a guide to the second scientific revolution, 1800-1950 [M]. Ames, Iowa: Iowa State

University Press.

CARSON C, GUBSER M, 2002. Science advising and science policy in post-war West Germany: the example of the Deutscher Forschungsrat [J]. Minerva, 40: 147-179.

CASSIDY D, 1994. Controlling German science, I: U.S. and allied forces in Germany, 1945-1947 [J]. Historical studies in the physical and biological sciences, 24 (2): 197-235.

CASSIDY D, 1996. Controlling German science, II: bizonal occupation and the struggle over West German science policy, 1946-1949 [J]. Historical studies in the physical and biological sciences, 26 (2): 197-239.

CHANG I, 1996. Thread of the silkworm [M]. New York: Basic Books.

CMIEL K, 2012. The recent history of human rights [M] // IRIYE A, GOEDDE P, HITCHCOCK W I. The human rights revolution: an international history. New York: Oxford University Press: 27-52.

COHN B A, LA MERRILL M, KRIGBAUM N Y, et al, 2015. DDT exposure in utero and breast cancer [J]. The journal of endocrinology and metabolism, 100 (8): 2865-2872.

COHEN H F, 1994. The scientific revolution: a historiographical inquiry [M]. Chicago: University of Chicago Press.

Congressional Research Service, Library of Congress, 1986. The Nobel-prize awards in science as a measure of national strength in science, science policy study background report no. 3, Task Force on Science Policy, Committee on Science and Technology, U.S. House of

Representative, 99th Congress, 2nd Session [R]. Washington, DC: U.S. Government Printing Office.

COWAN R S, 1997. A social history of American technology [M]. New York: Oxford University Press.

CROSBY A W, 1972. The Columbian exchange: biological and cultural consequences of 1492 [M]. Westport, CT: Greenwood Press.

DAVENPORT C, 2013. The education of Steven Chu [J/OL]. National journal,（2013-01-17）[2016-08-03]. https://web. archive.org/web/20130121052708/http://www.nationaljournal.com/whitehouse/the-education-of-steven-chu-20130117.

DAVENPORT C, 2015. Nations approve landmark climate accord in Paris [N]. New York times, 2015-12-13（A1）.

DEMBART L, 1977. Computer show's message: "be the first on your block" [N]. New York times, 1977-08-26（10）.

DÖRRIES M, 2005. Michael Frayn's Copenhagen in debate: historical essays and documents on the 1941 meeting between Niels Bohr and Werner Heisenberg [G]. Berkeley, CA: Office for the History of Science and Technology of the University of California, Berkely.

DRUCKER P F, 1966. The first technological revolution and its lessons [J]. Technology and culture, 7（2）: 143-151.

DUPREE A H, 1986. Science in the federal government: a history of policies and activities [M]. Baltimore: Johns Hopkins University Press.

ENGERMAN D C, GILMAN N, HAEFELE M H, et al, 2003. Staging growth: modernization, development, and the global Cold War [G]. Amherst and Boston: University of Massachusetts Press.

ENGLAND J M, 1982. A patron for pure science: the National Science Foundation's formative years [M]. 1945–1957. Washington, DC: National Science Foundation.

FARMELO G, 2013. Churchill's bomb: how the United States overtook Britain in the first nuclear arms race [M]. New York: Basic Books.

FORMAN P, 1987. Behind quantum electronics: national security as basis for physical research in the United States, 1940–1960 [J]. Historical studies in the physical and biological sciences, 18 (1): 149–229.

FORMAN P, 2007. The primacy of science in modernity, of technology in postmodernity, and of ideology in the history of technology [J]. Technology and history, 23 (1): 1–152.

FRAME J D, NARIN F, CARPENTER M P, 1977. The distribution of world science [J]. Social studies of science, 7 (4): 501–516.

GALISON P, 1997. Image and logic: a material culture of microphysics [M]. Chicago: University of Chicago Press.

GILMAN N, 2003. Mandarins of the future: modernization theory in Cold War America [M]. Baltimore: Johns Hopkins University Press.

GOUDSMIT S A, 1983. Alsos [M]. Los Angeles: Tomash Publishers.

GRAHAM L R, 1996. The ghost of the executed engineer: technology and the fall of the Soviet Union [M]. Cambridge, MA: Harvard University Press.

GRAHAM L R, 1998. What have we learned about science and technology from the Russian experience? [M]. Stanford: Stanford

University Press.

GREENE J M, 2008. The origins of the developmental state in Taiwan: science policy and the quest for modernization [M]. Cambridge, MA: Harvard University Press.

GREIFF A, 2002. The tale of two peripheries: the creation of the International Center for Theoretical Physics in Trieste [J]. Historical studies in the physical and biological sciences, 33 (1): 33–59.

GROUEFF S, 1967. Manhattan Project: the untold story of the making of the atomic bomb [M]. Boston: Little, Brown.

HAGER T, 1995. Force of nature: the life of Linus Pauling [M]. New York: Simon and Schuster.

HAMILTON A, 1827. Alexander Hamilton's report on the subject of manufactures [M]. Philadelphia: William Brown.

HANDLER M S, 1957. Bonn sees a drop in role as power [N]. New York times, 1957–10–09 (19).

HARRIS S H, 2002. Factories of death: Japanese biological warfare, 1932–45 and the American cover–up [M]. New York: Routledge.

HEILBRON J L, 1987. Applied history of science [J]. Isis, 78: 552–563.

HEILBRON J L, 1989. The detection of the antiproton [C] // DE MARIA M, GRILLI M, SEBATIANI F. Proceedings of the International Conference on the Restructuring of Physical Sciences in Europe and the United States, 1945–1960. Singapore: World Scientific: 161–209.

HERMANN A, BELLONI L, KRIGE J, 1987. History of CERN: vol. 1 [M]. Amsterdam: North Holland.

HEWLETT R, HOLL J M, 1989. Atoms for peace and war, 1953–1961: Eisenhower and the Atomic Energy Commission [M]. Berkeley and Los Angeles: University of California Press.

HOCH P, 1986. Eigrés in science and technology transfer [J]. Physics in technology, 17 (5): 225–229.

HODDESON L, HENRIKSEN P W, MEADE R A, 2004. Crtical assembly: a technical history of Los Alamos during the Oppenheimer years, 1943–1945 [M]. Cambridge: Cambridge University Press.

HOME R W, LOW M F, 1993. Postwar scientific intelligence missions to Japan [J]. Isis, 84 (3): 527–537.

HSU M Y, 2015. The good immigrants: how the yellow peril became the model minority [M]. Princeton, NJ: Princeton University Press.

HUGHES T P, 2004. American genesis: a century of invention and technological enthusiasm, 1870–1970 [M]. Chicago: University of Chicago Press.

JACOBSEN A, 2014. Operation Paperclip: the secret intelligence program that brought Nazi scientists to America [M]. New York: Little, Brown and Company.

JEFFERSON T, 2002. Notes on the state of Virginia [M]. New York: Bedford/St. Martin's.

JUNGK R, 1958. Brighter than a thousand suns [M]. New York: Harcourt.

KAISER D, 2002. Cold War requisitions, scientific manpower, and the production of American physicists after World War II [M]. Historical studies in the physical and biological sciences, 33 (1): 131–159.

KAY L, 1993. The molecular vision of life: Caltech, the Rockefeller Foundation, and the rise of the new biology [M]. Oxford: Oxford University Press.

KEVLES D, 1987. The physicists: the history of a scientific community in modern America [M]. Cambridge, MA: Harvard University Press.

KEVLES D, 1990. Cold War, hot physics: science, security, and the American state, 1945–1956 [J]. Historical studies in the physical and biological sciences, 20 (2): 239–264.

KIM D W, LESLIE S W, 1998. Winning markets or winning Nobel prizes? KAIST and the challenges of late industrialization [J]. Osiris, 13: 154–185.

KIM D W, 2002. The conflict between the image and role of physics in South Korea [J]. Historical studies in the physical and biological sciences, 33 (1): 107–129.

KOJEVNIKOV A, 2002. David Bohm and collective movement [J]. Historical studies in the physical and biological sciences, 33 (1): 161–192.

KRIGE J, 1996. What is "military" technology? two cases of U.S.–European scientific and technological collaboration in the 1950s [G] // HELLER F H, GILLINGHAM J R. The United States and the integration of Europe: legacies of the postwar era. New York: St. Martin's Press: 307–338.

KRIGE J, 2000. NATO and the strengthening of western science in the post–Sputnik era [J]. Minerva, 38: 81–108.

KRIGE J, 2008. American hegemony and the postwar reconstruction of science in Europe [M]. Cambridge, MA: MIT Press.

KRIGE J, 2010. Building the arsenal of knowledge [J]. Centaurus, 52 (4): 280–296.

KRIGE J, CALLAHAN A L, 2013. NASA in the world: fifty years of international collaboration in space [M]. New York: Palgrave Macmillan.

KUHN T S, 1961. The function of measurement in modern physical science [J]. Isis, 52 (2): 161–193.

KUHN T S, 1962. Structure of scientific revolutions [M]. Chicago: University of Chicago Press.

KUHN T S, 1971. The relations between history and history of science [J]. Daedalus, 100 (2): 271–304.

LANDLER M, 2014. U.S.and China reach climate accord after months of talks [N]. New York times, 2014–11–12 (A1).

LASBY C G, 1971. Project Paperclip: German scientists and the Cold War [M]. New York: Atheneum.

LESLIE S W, 1993. The Cold War and American science: the military–industrial–academic complex at MIT and Stanford [M]. New York: Columbia University Press.

LICHT W, 1995. Industrializing America: the nineteenth century [M]. Baltimore: Johns Hopkins University Press.

LOW M F, YOSHIOKA H, 1989. Buying the 'Peaceful Atom': the development of nuclear power in Japan [J]. Historia scientiarum, 38: 29–44.

MAIER P, SMITH M R, KEYSSAR A, et al, 2003. Inventing America [M]. New York: W. W. Norton.

MARSHAK R E, 1989. Scientific and sociological contributions of the first decade of the 'Rochester' Conferences to the restructuring of particle physics (1950–1960) [G] // DE MARIA M, GRILLI M, SEBATIANI F. Proceedings of the International Conference on the Restructuring of Physical Sciences in Europe and the United States, 1945–1960. Singapore: World Scientific: 745–763.

MCELHENY V K, 1975. New markets are sought for miniaturized computers [N]. New York times, January 16, 1975–01–16 (74).

MCELHENY V K, 1976. Revolution in Silicon Valley [N]. New York times, June 20, 1976–06–20 (97).

MERVIS J, 2017. Trump's 2018 budget proposal 'devalues' science [J]. Science, 355 (6331): 1246–1247.

MOTT N F, 1948. Notes from abroad: England [J]. Physics today, 1 (1): 9.

MUNNS D, 1997. Linear accelerators, radio astronomy, and Australia's search for international prestige, 1944–1948 [J]. Historical studies in the physical and biological sciences, 27 (2): 299–317.

NEEDELL A A, 1996. I. I. Rabi, Lloyd Berkner, and the American rehabilitation of European science, 1945–1954 [G] // HELLER F H, GILLINGHAM J R. The United States and the integration of Europe: legacies of the postwar era. New York: St. Martin's Press: 289–305.

NEEDELL A A, 2000. Science, Cold War, and the American state: Lloyd V. Berkner and the balance of professional ideals [M]. Amsterdam:

Harwood Academic Publishers.

NEUSTADT R E, MAY E R, 1986. Thinking in time: the uses of history for decision makers [M]. New York: Free Press.

NIXON R, 1960. The scientific revolution [J]. Bulletin of the atomic scientists, 16 (9): 348-351.

NUNN N, QIAN N, 2010. The Columbian exchange: a history of disease, food, and ideas[J]. Journal of economic perspectives, 24 (2): 163-188.

OBAMA B H, 2011. Address before a joint session of Congress on the State of the Union [EB/OL]. (2011-01-25) [2016-08-03]. http://www.presidency.ucsb.edu/ws/? pid=88928.

OBAMA B H, 2013a. Inaugural address [EB/OL]. (2013-01-21) [2016-08-03]. http://www.presidency.ucsb.edu/ws/index.php? pid=102827.

OBAMA B H, 2013b. Address before a joint session of Congress on the State of the Union [EB/OL]. (2013-02-12) [2016-08-03]. http://www.presidency.ucsb.edu/ws/? pid=102826.

OECD (Organisation for Economic Co-operation and Development), 1968. Review of national science policy: United States [R]. Paris: OECD.

OLSON R G, 2015. Scientism and technocracy in the twentieth century: the legacy of scientific management [M]. Lanham, MD: Lexington Books.

ORDOÑEZ J, SÁNCHEZ-RON J M, 1996. Nuclear energy in Spain: from Hiroshima to the sixties [G] // FORMAN P, S NCHEZ-RON

J M. National military establishments and the advancement of science and technology. Dordrecht and Boston: Kluwer Academic Publishers: 185-231.

PARROTT L, 1945a. Five cyclotrons wrecked in Japan [N]. New York times, 1945-11-24 (3).

PARROTT L, 1945b. Compton calls cyclotron smashing in Japan 'act of utter stupidity [N]. New York times, 1945-12-06 (3).

PARROTT L, 1945c. War Department admits mistake on cyclotron [N]. New York times, 1945-12-15 (3).

PCAST ([US] President's Council of Advisors on Science and Technology), 2011. Sustaining environmental capital: protecting dociety and rconomy [R/OL]. [2016-08-03]. https://obamawhitehouse. archives.gov/sites/default/files/microsites/ostp/pcast_sustaining_ environmental_capital_report.pdf.

PCAST ([US] President's Council of Advisors on Science and Technology), 2012. Transformation and opportunity: the future of the U.S. research enterprise [R/OL]. [2016-08-03]. https://obamawhitehouse. archives.gov/sites/default/files/microsites/ostp/pcast_future_research_ enterprise_20121130.pdf.

PCAST ([US] President's Council of Advisors on Science and Technology), 2014. Report to the president on combating antibiotic resistance [R/OL]. [2016-08-03]. https://obamawhitehouse.archives. gov/sites/default/files/microsites/ostp/PCAST/pcast_amr_jan2015.pdf.

POLKINGHORNE J, 1989. Rochester Roundabout: the story of high energy physics [M]. New York: W. H. Freeman.

POWER T, 1993. Heisenberg's war: the secret history of the German bomb [M]. New York: Knopf.

PSAC ([US] President's Science Advisory Committee), 1965. Restoring the qulity of our environment [R]. Washington, DC: White House.

PURSELL C, 1995. The machine in America: a social history of technology [M]. Baltimore: Johns Hopkins University Press.

RABINOWITCH E, 1963. Scientific revolution: man's new outlook [J]. Bulletin of the atomic scientists, 19 (7): 15–18.

RIGDEN J S, 1987. Rabi: scientist and citizen [M]. New York: Basic Books.

ROOSEVELT T, 1907. Seventh annual message [EB/OL]. (1907–12–03) [2016–08–03]. www.presidency.ucsb.edu/ws/? pid=29548.

SCHMECK H M Jr., 1974. White House weighing options for getting advice on science and technology [N]. New York times, 1974–11–07 (24).

SCHWEBER S S, 1992. Big science in context: Cornell and MIT [G]// GALISON P, HEVLY B. Big science: the growth of large–scale research. Stanford, CA: Stanford University Press: 149–183.

SEABORG G T, 1977. Travels in the new world, v. 1 [M]. Berkeley, CA: Lawrence Berkeley Laboratory.

SERVOS J W, 1986. Mathematics and the physical sciences in America, 1880–1930 [J]. Isis, 77 (4): 611–629.

SHAPIN S, 1998. The scientific revolution [M]. Chicago:

University of Chicago Press.

SMITH A K, 1970. A peril and a hope: the scientists' movement in America, 1945-1947 [M]. Camrbidge, MA: The MIT Press.

SNOW C P, 1959. The two cultures and the scientific revolution [M]. Cambridge: Cambridge University Press.

STIMSON H, 1945. Statement of the secretary of war [EB/OL]. (1945-08-06) [2015-04-01]. http://www.nuclearfiles.org/menu/library/correspondence/stimson-henry/corr_stimson_1945-08-06.htm.

TAPE G, 1985. The fabric of cooperation [G] // PILAT J F, PENDLEY R E, EBINGER C K. Atoms for peace: an analysis after thirty years. Boulder, CO: Westview Press: 59-66.

TRUMAN H S, 1945. Statement by the president of the United States [EB/OL]. (1945-08-06) [2015-04-01]. http://www.trumanlibrary. org/whistlestop/study_collections/bomb/large/documents/index.php? pagenumber=1&documentdate=1945-08-06&documentid=59&studycolle ctionid=abomb.

US Congress, 1958. Senate, Committee on Government Operations, Science and Technology Act of 1958, staff report, 85th Congress, 2nd Session [R].Washington, DC: United States Government Printing Office.

US Congress, 1959. Senate, Committee on Government Operations, Subcommittee on Reorganization and International Organization, Create a Department of Science and Technology, hearings, 86th Congress, 1st Session, part 1, April 16-17, 1959 [R]. Washington, DC: United States Government Printing Office.

WANG J, 1999. American science in an age of anxiety: scientists, anticommunism, and the Cold War [M]. Chapel Hill, NC: University of North Carolina Press.

WANG Z, 2005. Ristrutturazione [G] // Petruccioli S. Storia della Scienza, v. 8. Rome: Istituto della Enciclopedia Italiana: 553–560.

WANG Z, 2007. Wu Chien-Shiung [G]. KOERTGE N. New dictionary of scientific biography. New York: Charles Scribner's Sons: 363–368.

WANG Z, 2008. In Sputnik's shadow: the President's Science Advisory Committee and Cold War America [M]. New Brunswick, NJ: Rutgers University Press.

WANG Z, ORESKES N, 2008. History of science and American science policy [J]. Isis, 99 (2): 365–373.

WANG Z, 2010. Transnational science during the Cold War: the case of Chinese/American scientists [J]. Isis, 101 (2): 367–377.

WANG Z, 2015. Sputnik moments: science and technology policy from Eisenhower to Obama [G] // POLSKY A. Ike reconsidered: learning from the Eisenhower presidency in the 21st century. Lanham, MD: Lexington Books: 117–129.

WATSON J, 1968. Double helix [M]. New York: Atheneum.

WEINER C, 1969. A new site for the seminar: the refugees and American physics in the thirties [G] // FLEMING D, BAILYN B. The intellectual migration: Europe and America, 1930–1960. Cambridge, MA: Harvard University Press: 190–234.

ZULUETA B, 2003. Forging the model minority: Chinese immigrant intellectuals, American science, and the Cold War [D]. Santa Barbara:

University of California.

ZULUETA B, 2009. Master of the master gland: Choh Hao Li, the University of California, and science, migration, and race [J]. Historical studies in the natural sciences, 39 (2): 129–170.

致　谢

　　感谢张柏春邀请我参与"科技革命与国家现代化"项目组，并在项目实施过程中给予鼓励和支持；感谢项目组其他成员，尤其是鲍鸥、田淼、周程、赵振江、刘益东、方在庆、方一兵、姚大志、高璐、陈悦、孙烈等的帮助、合作和反馈意见；感谢刘烨昕、王凌燕和曹希敬的各种协助和支持；感谢位于德国柏林的马普科学史研究所所长Jürgen Renn及其同事对本册和项目组其他各册有价值的评审和建议；感谢山东教育出版社任军芳等各位编辑在本书出版过程中的大力帮助。

　　我也感谢我的家人，尤其是我妻子沈慧、女儿王舒菲、儿子王凯文和外甥女李想等所给予的支持和帮助。